AF453909

RABELAIS

A

LA BASMETTE.

PAR

A. CONSTANT.

PARIS.

A LA LIBRAIRIE PHALANSTÉRIENNE,
QUAI VOLTAIRE, 25.

1847

RABELAIS

A

LA BASMETTE.

RABELAIS

A

LA BASMETTE.

PAR

A. CONSTANT.

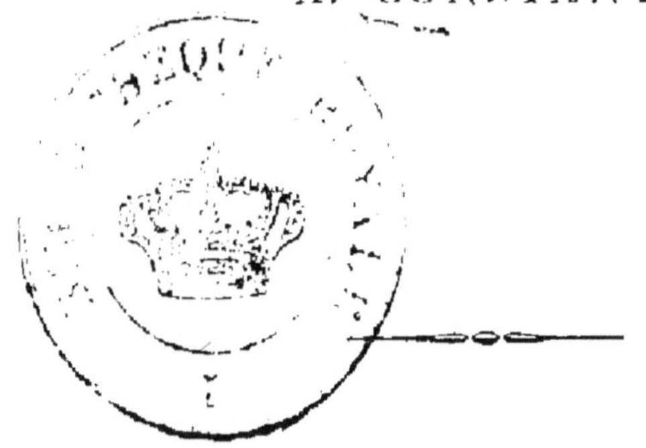

PARIS.

A LA LIBRAIRIE PHALANSTÉRIENNE,

QUAI VOLTAIRE, 25.

1847

PRÉFACE.

—

Buveurs très-illustres et vous moralistes très-précieux, savez-vous par cœur les écrits du joyeux curé de Mendon? Pour les buveurs je le croirais assez volontiers : car celui-là doit être réputé connaître parfaitement une doctrine, qui de tous points et de tout cœur la met en pratique; et c'est ce que vous faites touchant les mystères du pantagruélisme, vous tous qui savez que répondre aux questions tant délicates et tant controversées de Panurge! Mais ce qui le plus m'embarrasse ici ce sont les moralistes que je place à côté des buveurs pour les égayer un peu les uns par les autres, et que j'appelle très-précieux pour engager les antiquaires à en conserver la race qui va se perdant tous les jours. Rabelais, notre maître à tous en la gaie science du pantagruélisme, dédiait toujours ses écrits à deux ou trois sortes de lecteurs, les buveurs infatigables, les goutteux de séjour, et d'autres infirmes très-précieux que les habitudes littéraires de son temps lui permettaient de nommer par leur nom : or, ayant le désir d'imiter un peu maître Alcofribas, du moins dans la dédicace de cette petite chronique de ses faits et gestes, j'ai cru devoir, pour me conformer davantage aux mœurs et habitudes du temps où j'écris, employer une expression décente pour signifier à peu près ce que Rabelais voulait dire, ne fût-ce que par contraire et antiphrase, comme les furies sont en grec appelées gracieuses, et les parques, les ménagères, ou celles qui épargnent, parce qu'elles nous épargnent peu. Les moralistes donc sont mis ici pour d'autres infirmes, et je laisse à leur choix d'être pris pour les goutteux ou pour les repentants d'amour ; et ce sera parfaite justice, car le goutteux qui ne peut plus boire et le malade qui ne peut plus aimer sont forcés par là même d'avoir recours à la morale, et peuvent d'autant plus volontiers céder leur place aux moralistes qu'à ces derniers d'avance ils prennent forcément la leur.

C'est en cette considération que je dédie aux moralistes le commencement des chroniques du joyeux curé de Meudon, et si joyeusement et bénévolement ils les reçoivent et veulent bien les lire sans y trouver offense de Dieu ou du prochain, parce que l'auteur y invite tous les hommes à la bienveillance et à la concorde fraternelle ; s'ils s'unissent à nos desirs pour la réalisation des bonnes et cordiales utopies de Thélème, et qu'ils boivent frais à nos santés, nous les féliciterons de n'être pas goutteux ; mais s'ils froncent le sourcil et dénoncent nos joyeusetés à quelque inquisition souterraine, s'ils écrivent à Rome ou à Boussac pour nous accuser d'hérésie ou de phanérogamie, nous les laisserons là et reviendrons sans aigreur et sans rancune contre personne à nos bons pantagruélistes, c'est-à-dire aux hommes de bon vouloir et de bon sens, qui font au Dieu des bonnes gens la prière de Béranger ; et fussent-ils un peu buveurs, pourvu que ce ne soit pas outre-mesure ni aux dépens du pauvre peuple, ni avec les pots-de-vin du roi Picrochole, fussent-ils un peu goutteux, pourvu que ce ne soit ni du cœur ni de la raison, fussent-ils un peu même... tout ce que vous voudrez, pourvu que ce ne soit pas pour avoir courtisé la fortune politique ou quelqu'autre divinité de nos jours, nous les féliciterons de grand cœur de ne pas être moralistes.

Où tend ce préambule et à quoi bon cette préface? C'est pour vous dire qu'un peu de bon sens et de franche gaieté serait peut-être encore utile à quelque chose dans ce siècle où l'on ne rit plus, mais où l'on débite sérieusement tant de choses si peu sérieuses. C'est que, pour faire écouter aux hommes les vérités qu'on voudrait leur dire, on n'aura jamais tort de se prémunir d'abord d'une marotte et de quelques grelots. Fénelon, dans ses *Dialogues des Morts*, prétend que le pleureur Héraclite doit être préféré à Démocrite comme plus humain. Triste système, hélas! que de voir l'humanité dans les larmes! D'ailleurs les larmes ne sont pas un attribut spécial de l'humanité, témoins le cheval de Pallas dans Virgile, les cerfs pris à la chasse et les lamas de M. de Buffon, qui, selon lui, pleurent et se suicident lorsqu'ils sont réduits au désespoir, mais le rire, le vrai rire, le franc rire, non pas le ricannement du singe, mais, comme l'appelle Auguste Barbier :

> . . . . Le rire des aïeux,
> Qui jaillissait du cœur comme un flot de vin vieux.

Voilà ce qui, selon Rabelais, est le propre de l'homme! et Rabelais, tout satirique qu'il était, honorait la nature humaine en la jugeant ainsi! Après avoir passé toute sa jeunesse dans le silence du cloître et s'être emparé par de merveilleuses études de toute la science de son temps, Rabelais voulut être utile aux hommes et se mit à écrire d'abord des livres de science : mais ses débuts furent si mal encouragés, qu'il se fût dépité et eût renoncé à des écoliers si inattentifs et si ingrats; mais il avait infiniment d'esprit, et s'étant demandé pourquoi ses contemporains ne l'écoutaient pas, il trouva tout naturellement cette réponse : c'est que ce sont des enfants et que je les ennuie. — Alors, se souvenant de Démosthènes et des Athéniens, il publia la chronique gargantuine, et les libraires en vendirent plus pendant un mois qu'il ne s'était vendu de saintes Bibles pendant neuf ans.

Puisse à force de prendre toutes les formes et même tous les déguisements la vérité se faire jour ! Si la gravité de nos premiers discours est importune, périsse notre gravité et que la pensée soit sauvée ! L'humanité est notre reine, puissions-nous être admis du moins comme son fou et qu'à ce titre elle nous écoute ! Si je ne pouvais faire mieux pour guérir le genre humain de sa mélancolie mortelle, je voudrais me faire jongleur pour le distraire et l'amuser ; c'est ce qu'a fait Rabelais, et c'est pourquoi, n'espérant pas parvenir à lui ressembler, je cherche à crayonner son image.

Or, ébaudissez-vous, mes amours ; et ceci je ne sais pas bien au juste à qui l'adressait maître François à la fin de son premier prologue, pour moi je dois avouer que je ne le dis ni pour les honnêtes gens de justice, ni pour les moralistes très-précieux, et tant précieux qu'ils puissent être, mais pour une certaine bonne et douce petite Noëmi à moi bien connue, qui venait comme un beau petit ange du bon Dieu me reconforter sous les verroux, pendant que je commençais à écrire pour elle d'abord, puis pour tous les esprits indulgents et les bons cœurs dont la morale consiste à bien aimer, pendant que je commençais, dis-je, par Rabelais à la Basmette, les chroniques instructives et intéressantes du joyeux curé de Meudon.

A. Constant.

RABELAIS

A

LA BASMETTE.

I.

LA BASMETTE.

Or, vous saurez, si vous ne le savez déjà, que la
Basmette était une bien tranquille et plantureuse
jolie petite abbaye de franciscains, dans le fertile et
dévotieux pays d'Anjou. Tranquille et insoucieuse,
en tant que les bons frères mieux affectionnaient
l'oraison dite de Saint-Pierre, qui si bien sommeil-
lait au Jardin-des-Olives, à tout le tracas de l'étude
et à la vanité des sciences ; plantureuse en bour-
geons, tant sur les vignes que sur le nez de ses moines, si bien que la vendange et les bons franciscains

semblaient fleurir à qui mieux mieux, avec émulation de prospérité et de mérite; les frères étant riants, vermeils et lustrés comme des raisins mûrs; et les grappes du cloître et du clos environnant, rondelettes, rebondies, dorées au soleil et toutes mielleuses de sucrerie aigre-douce, comme les bons moines.

Comment et par qui fut premièrement fondée cette tant sainte et béate maison, les vieilles chartes du couvent le disent assez pour que je me dispense de le redire; mais d'où lui venait le nom de Basmette, ou baumette, comme qui dirait, petite baume? c'est de la légende de madame Sainte-Madeleine, qui, pendant longues années, expia, par de rigoureuses folies de saint amour, les trop douces folies d'amour profane dont un seul mot du bon Sauveur lui avait fait sentir le déboire et l'amertume, tant et si bien qu'elle mourut d'aimer Dieu, lorsqu'elle eut senti l'amour des hommes trop rare et trop vite épuisé pour alimenter la vie de son pauvre cœur. Et ce fut dans une merveilleuse grotte de la Provence, appelée depuis la Sainte-Baume, à cause du parfum de pieuse mélancolie et de mystérieux sacrifice que la sainte y avait laissé, lorsque Jésus, touché enfin des longs soupirs de sa triste amante, l'envoya quérir par les plus doux anges du ciel.

Or, la Sainte-Baume était devenue célèbre par toute la chrétienté, et le couvent des franciscains d'Anjou, possédant une petite grotte où se trouvait une représentation de la Magdeleine repentante, avait pris pour cela le nom de Baumette ou *Basmette*, comme on disait alors, d'autant que *basme*, en vieux français, était la même chose que *baume*.

Il y avait alors à la Basmette, et l'histoire qu'ici

je raconte est du temps du roi François Ier, il y avait,
dis-je, en cette abbaye, ou plutôt dans ce prieuré,
vingt-cinq ou trente religieux, tant profès que novices, y compris les simples frères lais. Le prieur
était un petit homme chauve et camus, homme très
éminent en bedaine, et qui s'efforçait de marcher
gravement pour assurer l'équilibre de ses bésicles,
car bésicles il avait, par suite de l'indisposition lar-
moyante de ses petits yeux qui lui affaiblissait la
vue. Était-ce pour avoir trop regretté ses péchés ou
pour avoir trop savouré les larmes de la grappe ?
Était-ce componction spirituelle ou réaction spiri-
tueuse ? Les mauvaises langues le disaient peut-être
bien : mais nous, en chroniqueur consciencieux et
de bonne foi, nous nous bornerons à constater que
le prieur avait les yeux malades et qu'il trouvait dans
son nez camus de très notables obstacles à porter
décemment et solidement ses bésicles.

Rien n'est tel que l'œil du maître, dit le vieux
proverbe, et le couvent est à plaindre dont le prieur
ne voit pas plus loin que son nez, surtout s'il a le
nez camus ! Aussi, dans le couvent de la Basmette,
tout allait-il à l'abandon, selon le bon plaisir du
maître des novices, grand moine, long, sec et malingre, mieux avantagé en oreilles qu'en entendement,
ennuyé de lui-même, et partant acariâtre, comme
s'il eût voulu s'en prendre aux autres de son insuffi-
sance et de son ennui : retors en matière de moinerie, scrupuleux en matière de bréviaire, grand
carillonneur de cloches, grand instigateur de matines, ne dormant que d'un œil et toujours prêt à
glapir comme les oies du Capitole, ces bonnes
sentinelles romaines, que les papes devraient don-

ner pour blason à la moinerie moinante, cette maîtresse du monde moiné.

Frère Paphnuce, c'était le nom du maître des novices, se croyait l'âme du monastère, parce qu'il y faisait le plus de bruit; et il l'était en effet, comme la peau d'âne est l'âme d'un tambour. Aussi c'était sur lui que tombaient, dru comme pluie, les quolibets clandestins et les tours narquois des novices; ce que leur faisait rendre le saint homme en menus coups de discipline, que le prieur, stylé par lui, leur imposait pour pénitence, quand venaient les corrections du chapitre.

Aussi les novices, qui le craignaient autant qu'ils le chérissaient peu, cherchaient-ils à opposer aux sévérités capricieuses du frère Paphnuce, l'influence du frère François, et allaient-ils lui conter leurs chagrins. Nous dirons tout à l'heure ce que c'était que le frère François; mais, puisque nous en sommes sur le chapitre des novices, il en est un surtout avec lequel nous devons d'abord faire connaissance, et cela pour causes que vous connaîtrez tout à l'heure.

Frère Lubin était le fils aîné d'un bon fermier des environs de la Basmette. Sa vocation religieuse était toute une légende, dont les moines se promettaient bien d'enrichir un jour leur chronique. Sa mère étant en travail d'enfant pour lui donner une petite sœur, s'était trouvée réduite à l'extrémité; et, de concert avec Jean Lubin, son bon homme, elle avait voué à saint François son premier enfant, Léandre Lubin, âgé alors de six ans et demi.

Que saint François ait ou non de l'influence sur les accouchements, ce n'est pas ici le lieu de le débattre. Que ce soit donc protection du saint ou aide toute simple de la nature, la mère fut heureusement délivrée, et le jeune Lubin livré... à la discipline des disciples de saint François.

Or, depuis douze ans déjà, le jeune Lubin était le commensal des habitants de la Basmette. C'était un long noviciat. Mais le frère François avait obtenu du père prieur qu'aucun novice ne ferait ses vœux définitifs qu'il n'eût au moins ses dix-neuf ans sonnés, expression qui, ce me semble, convient surtout aux années de cette vie claustrale, dont tous les instants et toutes les heures se mesurent au son de la cloche.

Frère Lubin avait donc dix-huit ans et quelques mois, et mieux semblait-il fait pour le harnais que pour la haire. Grand, bien fait, le teint brun, la bouche vermeille, les dents bien rangées et blanches à faire plaisir, l'œil bien fendu et ombragé de cils bien fournis et bien noirs, il donnait plus d'une distraction pendant l'office aux bachelettes qui venaient les dimanches et fêtes accomplir leurs devoirs dans l'église des bons pères. On assure même que le fripon profitait plus d'une fois, pour risquer un regard de côté, de l'ombre de son capuchon, où ses grands yeux étincelaient comme des lampes de vermeil au fond d'une chapelle obscure.

Ce charmant moinillon était l'enfant gâté du père prieur et le principal objet du zèle de frère Paphnuce. L'un ne le quittait guère, et l'autre le cherchait toujours. C'était lui qui arrangeait et entretenait propre la cellule du prieur, lui qui secouait la poussière des in-folios que le père n'ouvrait jamais, lui encore qui frottait et éclaircissait les bésicles. Il disait les petites heures avec le révérend, lorsqu'une indisposition quelconque l'avait empêché d'aller au chœur. Le père prieur alors s'assoupissait un peu, sous l'influence de la psalmodie ; son large menton s'appuyait mollement sur sa poitrine, les bésicles tombaient sur le livre de parchemin gras aux caractères gothiques et enluminés ; alors frère Lubin s'esquivait sur la pointe du pied et sortait doucement dans le corridor, où presque toujours il rencontrait frère Paphnuce.

— Où allez-vous ? lui demandait celui-ci.

— Dans notre cellule, répondait frère Lubin ; le père prieur repose, et je crains de le réveiller.

— Venez à l'église, reprenait l'impitoyable maître des novices ; l'office ne fait que commencer ; j'ai remarqué votre absence, et je vous cherchais.

— Mais, mais, mon père...

— Allons, point de réplique. Vous dînerez aujourd'hui à genoux au milieu du réfectoire.

— Mais, je ne réplique pas, mon père, je voulais vous observer seulement que j'ai laissé notre bréviaire...

— Chez le père prieur. Allez le prendre et ne faites pas de bruit.

— Non, chez le frère médecin.

— Chez le frère médecin ! et qu'alliez-vous encore y faire ? Je vous ai défendu d'entrer dans la cellule de maître François, je vous défends maintenant de lui parler ! ce n'est pas une société convenable pour des novices. L'étude de la médecine entraîne une foule de connaissances contraires à notre saint état... Et puis... enfin, je vous le défends, est-ce entendu ?

Le novice tournait le dos et faisait la moue. . .

. . . .

En ce moment un bruit de pas lents et graves mesura les escaliers et la longueur du corridor : un moine de haute taille, ayant de grands traits réguliers, une bouche fine et spirituelle, entourée d'une barbe blonde qui se frisait en fils d'or, des yeux pensifs et malicieux, s'approcha de la porte du prieur : la figure boudeuse du frère Lubin s'épanouit en le voyant, et il lui fit un joyeux signe de tête, tout en mettant un doigt sur sa bouche, comme pour faire comprendre au nouveau venu qu'ils ne devaient pas se parler.

C'était le frère médecin.

Il sourit à la mine embarrassée du novice et fit à frère Paphnuce une profonde révérence en plissant légèrement le coin des yeux et en relevant les coins de sa bouche, ce qui lui fit faire la plus malicieuse et la plus spirituelle grimace qu'il fût possible d'imaginer.

Frère Paphnuce ne fit pas semblant de le voir, et poussant devant lui le novice, qui regardait encore maître François par dessus son épaule, il descendit à la chapelle et arriva encore à temps pour nasiller une longue antienne dont le chantre le gratifia dès son retour au chœur. Quant à frère Lubin, il fourra ses mains dans les manches de sa robe, baissa les yeux, pinça les lèvres et songea à ce qu'il voulut.

II.

MAITRE FRANÇOIS.

Le père prieur était donc, ainsi que nous l'avons
dit, en oraison de quiétude ; son menton rembourré
de graisse assurant l'équilibre de sa tête, marmot-
tant par intervalles et babinottant des lèvres, comme
s'il eût remâché quelque répons, à la manière des
enfants qui s'endorment en suçant une dragée : son
gros bréviaire glissant peu à peu de dessus ses genoux, comme un poupon qui s'ennuie des caresses
d'une vieille femme, et les bienheureuses bésicles

aussi aventurées sur le gros livre que Dindenaut le fut plus tard en s'accrochant à la laine de son gros bélier.

Toutes ces choses en étaient là lorsque maître François, après avoir préalablement frappé deux ou trois petits coups, entr'ouvrit discrètement la porte, et arriva tout à propos pour rattraper les bésicles et le bréviaire. Il prit l'un doctoralement, chaussa magistralement les autres sur son nez, où elles s'étonnèrent de tenir bien, et tournant la page, il continua le pseaume où le prieur l'avait laissé :

Vanum est vobis ante lucem surgere ; surgite postquam sederitis, qui manducatis panem doloris, quùm dederit dilectis suis somnum.

En achevant ce verset, frère François étendit gravement la main sur la tête du prieur et lui donna une bénédiction comique.

Le bon père était vermeil à faire plaisir, il ronflait à faire envie et remuait doucement les lèvres.

Le frère médecin, comme un homme qui connaissait les bonnes cachettes, souleva le rideau poudreux de la bibliothèque à laquelle le fauteuil du dormeur était adossé, plongea la main entre deux rayons et la ramena victorieuse, armée d'un large flacon de vin ; sans lâcher le gros bréviaire, il déboucha le flacon avec les dents, en flaira le contenu, hocha la tête d'un air satisfait, puis approchant doucement le goulot des lèvres du père, il y fit couler goutte à goutte la divine liqueur.

Le prieur alors poussa un grand soupir, et, sans ouvrir les yeux, renversa sa tête en arrière pour ne rien perdre, puis avec autant de ferveur qu'un nourrisson à jeun prend et étreint la mamelle de sa nourrice, il leva les bras et prit à deux mains le flacon,

que maître François lui abandonna, puis il but,
comme on dit, à tire-larigot.

— *Beatus vir*!... continua le frère médecin en
reprenant la lecture du bréviaire.

Le gros prieur ouvrit alors des yeux tout étonnés,
et regardant alternativement son flacon et maître
François d'un air ébahi... il ne pouvait rien comprendre à sa position et se croyait ensorcelé.

— Avalez, bon père, ce sont des herbes ; et grand
bien vous fasse ! dit le frère François, du plus grand
sérieux. La crise est passée, à ce qu'il me paraît, et
nous commençons à nous mieux porter.

— Mon Dieu ! dit le moine en se tâtant le ventre,
je suis donc malade !

— Buvez le reste de ce julep, dit le frère en frappant sur le flacon, et la maladie passera.

— Que veut dire ceci ?

— Que nous avons changé de bréviaire. Le vôtre
vous endort, le mien vous réveille. Je dis pour vous
l'office divin, et vous faites pour moi l'office du vin :
n'êtes-vous pas le mieux partagé ?

— Maître François ! maître François ! je vous l'ai
déjà dit souvent, si le père Paphnuce nous entendait,
vous nous feriez un mauvais parti : à vous, pour
parler ainsi, et à moi pour vous écouter : Vos propos sentent l'hérésie.

— Eh quoi ! se récria le frère, le bon vin est-il hérétique ? Serait-ce parce qu'il n'est pas baptisé ?
Qu'il périsse en ce cas, le traître, et que notre go-
sier soit son tombeau! Mais rassurez-vous, bon père,
il ne troublera point notre estomac ; il peut y dormir
en terre sainte ; il est catholique et ami des bons catholiques; onc ne fut-il excommunié du pape, mais
au contraire bien reçu et choyé à sa table. Point n'a

besoin d'être baptisé pour être chrétien, depuis les
noces de Cana ; mais au contraire, étant l'eau pure
perfectionnée et rendue plus divine, il doit servir au
baptême de l'homme intérieur ! L'eau est le signe du
repentir, le vin est celui de la grâce ; l'eau purifie,
le vin fortifie. L'eau, ce sont les larmes, le vin, c'est
la joie. L'eau arrose la vigne, et la vigne arrose les
moines qui sont la vigne spirituelle du Seigneur.
Vous voyez donc bien que les amis de la perfection
doivent préférer le vin à l'eau, et le baptême intérieur au baptême extérieur.

— Voilà un bon propos d'ivrogne, dit le prieur,
moitié riant, moitié voulant moraliser.

— Sur ce, dit frère François, permettez-vous que
je vous fasse quinaut ? Dites-moi, je vous prie, ce
que c'est qu'un ivrogne ?

— La chose assez d'elle-même se comprend. C'est
celui qui sait trop bien boire.

— Vous n'y êtes en aucune manière et n'y touchez
pas plus qu'un rabbin à une tranche de jambon. L'i-
vrogne est celui qui ne sait pas boire et qui, de plus,
est incapable de l'apprendre.

— Et comment cela ? fit le père prieur en allon-
geant la main pour faire signe qu'on lui rendît ses
bésicles, car la chose lui semblait assez curieuse
pour être contemplée à travers des lunettes.

— Voici, reprit maître François en présentant
l'objet demandé. Y sont-elles ? Bien ; je crois qu'elles tiennent à peu près ; maintenant, écoutez mon
argument, qui ne sera ni en *barbara* ni en *celarunt*...

— Il sera donc en *darii* ?

— Non.

— En *ferio* ?

— Non.

— En *baralipton*?

— Non.

— Sera-ce un argument cornu?

— Je ne suis point marié et vous ne l'êtes point, que je sache, pourtant mon argument cornu sera-t-il si vous voulez : cornu comme Silène et le bon père Bacchus, cornu à la manière du pauvre diable dont Horace parle en disant, à propos du père Liber (c'était le père général des cordeliers du paganisme) : *Addis cornua pauperi*. Ceci n'est pas matière de bréviaire.

— *Ergo*, ceci n'est point propos de moine.

— *Distinguo*, en tant que science, *concedo* ; en tant que buverie, *nego*.

— Buverie, soit ; mais comment prouvez-vous que l'ivrogne est celui qui ne sait pas boire ?

— Patience ! bon père, j'y étais, et vous allez tantôt en connaître le *tu autem*. Mais, d'abord, dites-moi, si bon vous semble, à quels signes vous reconnaissez un ivrogne ?

— Par saint François ! la chose est facile à connaître.

L'ivrogne est celui qui est habituellemt ivre, flageollant des jambes, dessinant la route en zig-zag, coudoyant les murailles, trimballant et dodelinant de la tête, grasseyant de la langue ; et toujours ce maudit hoquet... et puis n'écoutez pas, Monsieur rêve tout haut : emportez la chandelle, il se couche tout habillé, et honni soit qui mal y pense ! C'est affaire à sa ménagère si son matelas crotte tant soit peu ses habits.

— A merveille, père prieur ! vous le dessinez de main de maître. Mais d'où lui viennent, je vous prie, tous ces trimballements, tous ces bégaiements, tous ces étourdissements, toutes ces chutes?

— Belle question! De ce qu'il a trop lu.

— Il n'a donc pas su boire assez, et il ne le saura jamais, puisqu'il recommence tous les jours, et que tous les jours il boit trop! Il ne sait donc pas boire du tout; car savoir boire consiste à boire toujours assez. Dira-t-on du sculpteur qu'il sait tailler la pierre s'il l'entame trop ou trop peu? Celui-là est également un mauvais tireur, qui va trop au delà ou reste trop en deçà du but: le savoir consiste à l'atteindre.

— Je n'ai rien à dire à cela, repartit le prieur en se grattant l'oreille. Vous êtes malin comme un singe! Mais changeons de propos, et dites-moi ce qui vous amène. Vouliez-vous pas vous confesser? Vous savez que c'est dans trois jours la fête du grand saint François.

— Confesser? et de quoi? et pourquoi me confesserai-je? Ne l'ai-je pas fait ce matin, comme tous les jours, en plein chapitre, en disant le *confiteor*? Dire tout haut que j'ai beaucoup péché en pensées, en paroles, en actions et en omissions, n'est-ce pas tout ce que la loi d'humilité requiert? Eh puis-je savoir davantage et spécifier ce que Dieu seul peut connaître? Le détail de nos imperfections n'appartient-il pas à la science de la perfection infinie? N'est-il pas écrit au livre des psaumes: *Delicta quis intelligit?* Ne serais-je bien orgueilleux de prétendre me juger moi-même, lorsque la loi et la raison me défendent de juger mon prochain? Et cependant est-il de fait que des défauts et péchés du prochain, bien plus clairvoyants investigateurs et juges plus assurés sommes-nous que des nôtres, attendu que dans les yeux des autres pouvons-nous lire immédiatement et sans miroir ?

— Saint François ! qu'est ceci ? s'écria le père prieur. L'examen de conscience et l'accusation des péchés sont-ce pratiques déraisonnables ? A genoux, mon frère, et accusez-vous tout d'abord d'avoir eu cette mauvaise pensée.

— Vous jugez ma pensée, mon père, et vous la trouvez mauvaise ; moi je ne la juge point, mais je la crois bonne. Vous voyez bien que j'avais raison.

— Accusez-vous de songer à la raison, quand vous ne devriez tenir compte que de la foi !

— Je m'accuse d'avoir raison, fit maître François avec une humilité comique et en se frappant la poitrine.

— Accusez-vous aussi de toute votre science diabolique, ajouta le père ; car ce sont vos études continuelles qui vous éloignent de la religion.

— Je m'accuse de n'être pas assez ignorant, reprit maître François de la même manière.

— Et dites-moi, continua le prieur qui s'animait peu à peu, comment faites-vous pour éviter les distractions pendant vos prières ?

— Je ne prie pas quand je me sens distrait.

— Mais si la cloche sonne la prière et vous oblige d'aller au chœur ?

— Alors je ne suis pas responsable de mes distractions, ou plutôt je ne suis pas distrait ; c'est la cloche qui est distraite et l'office qui vient hors de propos.

— Jésus, mon Dieu ! qui a jamais ouï pareil langage sortir de la bouche d'un moine ! mais, mon cher enfant, je vous assure que vous avez l'esprit faux, accusez-vous-en.

— Mon père, il est écrit : Faux témoignage ne di-
ras ni mentiras aucunement ! Eussé-je en effet l'esprit
faux et le jugement boiteux, point ne devrais m'en
accuser: autant vaudrait-il vous faire un crime à
vous, mon bon père, de ce que votre nez (soit dit
sans reproche) est un peu... comme qui dirait légèrement camard.

(Ici le prieur se rebiffe et laisse tomber ses bésicles qui, par bonheur ne sont point cassées.)

— Tenez, poursuit frère François, à quoi bon
nous emburelucoquer l'entendement pour nous trouver coupables ? Ne devons-nous pas suivre en tout
les préceptes du divin maître ? et ne nous a-t-il pas
dit qu'il fallait recevoir le royaume de Dieu comme
bons et naïfs petits enfants, avec calme et simplici-
té ? Or, pourquoi, je vous prie, les petits enfants
sont-ils de tout le monde estimés heureux, et à nous
par le Sauveur pour modèles proposés comme beaux
petits anges d'innocence ? Les petits enfants disent-
ils le bréviaire, et le pourraient-ils d'un bout à l'autre réciter sans distraction ? Aiment-ils les longues
oraisons et le jeûne ? Prennent-ils la discipline ?
Tant s'en faut, qu'au contraire ils prient et sup-
plient en pleurant à chaudes larmes et à mains join-
tes pour qu'on ne leur donne point le fouet, et con-
viennent alors volontiers qu'ils ont péché ; ce qui
est de leur part un premier mensonge, car ils n'en
ont pas conscience. Mais d'où vient, je vous prie encore, qu'ils sont appelés innocents ? Hélas, c'est que
tout doucement et bonnement ils suivent la pente
de nature, ne se reprochant rien de ce qui leur a fait
plaisir, et ne discernant le bien du mal que par
l'attrait ou la douleur. Apprendre la confession aux
enfants, c'est leur enseigner le péché et leur ôter

leur innocence. Et voulez-vous que je vous dise le fond de ma pensée? Je crois que les novices du couvent sont bien plus agités des reproches de leur conscience, bien plus poursuivis de pensées impures, bien moins simples et moins candides que la jeunesse de la campagne, qui vit au jour le jour et point n'y songe, n'examinant jamais sa conscience, d'autant que la conscience d'elle-même nous avertit assez quand quelque chose lui déplaît, laissant couler sans les compter les flots du ruisseau et les jours de la jeunesse, tantôt laborieuse, tantôt joyeuse, quand il plaît à Dieu, amoureuse : on se marie et point d'offense ; les petits enfants viendront à bien : puis quand Dieu voudra nous rappeler à lui, qu'il nous appelle : nous le craindrons bien moins encore à la fin qu'au commencement, nous étant habitués à l'aimer et à nous confier à lui. Je vous le demande, mon père, n'est-ce pas là le meilleur, et le plus facile, et le plus assuré chemin pour aller réellement au ciel?

Le père prieur ne répondit rien ; il paraissait songer et réfléchir profondément, tout en frottant le verre de ses lunettes avec le bout de son scapulaire.

— Or sus, mon père, poursuivit maître François, confessons-nous, je le veux bien; confessons-nous l'un à l'autre, et réciproquement accusons-nous, non pas d'être hommes et d'avoir les faiblesses de l'homme, car tels Dieu nous a faits et tels devons-nous être pour être bien ; accusons-nous de vouloir sans cesse changer et perfectionner l'ouvrage du Créateur, accusons-nous d'être des moines ; car tels nous sommes-nous faits nous-mêmes, et devons-nous répondre de tous les vices, de toutes les imperfections, de tous les ridicules qu'entraîne cet état opposé au vœu de nature. Certes, je dis tout ceci sans porter atteinte au mérite surnaturel du séraphique saint François : mais plus sa vertu a été divine, moins elle a été humaine. Et n'est-ce pas grande folie de prétendre imiter ce qui est au-dessus de la portée des hommes ? Tous ces grands saints n'ont eu qu'un tort, c'est d'avoir laissé des disciples.

— Quelle impiété ! s'écria le prieur en joignant les mains. Voilà de quelles billevesées vous repaissez la tête des novices de céans, et je vois bien à cette heure que le frère Paphnuce a raison lorsqu'il leur défend de vous parler.

— Eh bien ! en cela même, mon père, pardon encore si je vous contredis, mais ce sont plutôt les novices qui me suggèrent les pensées que voilà. Et, par exemple, que faites-vous ici du petit frère Lubin ? Ne vous semble-t-il pas séraphique comme un démon, avec ses grands yeux malins, son nez fripon et sa bouche narquoise ? Le beau modèle d'austérité à présenter aux femmes et aux filles ! Je me donne au diable si toutes ne le lorgnent déjà, et si les papas et les maris n'en ont pas une peur mortelle ! M'est avis que vous donniez à ce petit drôle un congé bien en forme, et qu'il retourne aux champs labourer, et sous la chesnaie danser et faire sauter Pérotte ou Mathurine. Je les vois d'ici rougir, se jalouser et être fières ! Oh ! les bonnes et saintes liesses du bon Dieu ! et que tous les bons cœurs sont heureux d'être au monde ! Voyez-vous la campagne toute baignée de soleil et comme enivrée de lumière ? Entendez-vous chanter alternativement les grillons et les cornemuses ? On chante, on danse, on chuchotte sous la feuillée ; les vieux se regaillardissent et parlent de

leur jeune temps; les mères rient de tout cœur
à leurs petits enfants, qui se roulent sur l'herbe ou
leur grimpent aux épaules; les jeunes gens se cher-
chent et se coudoient sans en faire semblant, et le
garçon dit tout bas à la jeune fille des petits mots
qui la rendent toute heureuse et toute aise. Or,
croyez-vous que Dieu ne soit pas alors comme les mères, et ne regarde pas le bonheur de ses enfants avec
amour? Moi, je vous dis que la mère éternelle (c'est
la divine Providence que les païens appellent nature)
se réjouit plus que ses enfants quand ils se gaudis-
sent. Voyez comme elle s'épanouit et comme elle rit
de florissante beauté et de caressante lumière! Comme sa gaieté resplendit dans le ciel, s'épanche en
fleurs et en feuillages, brille sur les joues qu'elle co-
lore et circule dans les verres et dans les veines avec
le bon petit vin d'Anjou! Vive Dieu! voilà à quel
office ne manquera jamais frère Lubin, et je me fais
garant de sa ferveur! Vous êtes triste, mon père, et
le tableau que je vous fais vous rappelle que nous
sommes des moines... Or bien donc, ne faisons pas
aux autres ce qu'on n'eût pas dû nous faire à nous-
mêmes, et renvoyez frère Lubin!

— Frère Lubin prononcera ses vœux le jour même
de saint François! dit une voix aigre et nazillarde
en même temps que la porte du prieur s'ouvrait avec
violence. C'était frère Paphnuce qui avait entendu la
fin des propos de maître François.

Frère François fit un profond salut au prieur qui
n'osa pas le lui rendre et qui était tremblant comme
un écolier pris en défaut; puis un nouveau salut à
frère Paphnuce qui ne lui répondit que par une af-
freuse grimace et se retira grave et pensif, en écou-

tant machinalement la voix aigre du maître des novices qui gourmandait sans doute le pauvre prieur
aux bésicles, et lui faisait comprendre la nécessité
urgente d'avancer d'une année, malgré sa promesse
formelle, la profession de frère Lubin.

III.

MARJOLAINE.

Cependant l'office des moines terminé, tandis que
deux ou trois bonnes vieilles achevaient leurs pate-
nôtres, non sans remuer le menton, comme si lui et
leur nez se fussent mutuellement porté un défi, une
gentille et blonde petite jouvencelle de dix-sept ans
restait aussi bien dévotement devant sa chaise, age-
nouillée, et relevait de temps en temps ses grands
yeux baissés pour regarder du côté de l'autel. Elle
était rose comme un chérubin et avait les yeux bleus
et doux comme les doit avoir la Vierge Marie elle-

mêmé; toutefois, dans cette douceur, étincelait je ne
sais quelle naïve mais toute féminine malice : telle je
me représenterais volontiers Mme Eve , prête à
mordre au fruit défendu, sans croire elle-même
qu'elle y touche : nature, hélas ! a tant par sa propre faiblesse de propensions au péché !

Or, si jamais péchés peuvent être mignons et jolis,
tels devront être sans contredit les tendres péchés de
Marjolaine. Marjolaine est la fille du brave Guillaume, le closier de la Chesnaie ; sa mère en raffole,
tant elle la trouve gentille ; et le papa qui ne dit pas
tout ce qu'il en pense, se complaît à entendre et à
voir raffoler la maman. Tout le monde s'ébaudit
dans la maison au sourire de Marjolaine, et si elle a
l'air de bouder, toute la maison est chagrine. C'est
sa petite moue qui fait les nuages et ses yeux qui
font le soleil ; elle est reine dans la closerie : aussi
sa jupe est-elle toujours proprette et ses coiffes toujours blanchettes ; sa taille fine est serrée dans un
corsage de surcot bleu, et quand, pendant la semaine, elle vient à l'église des Frères, elle a toujours l'air d'être endimanchée. Personne pourtant
ne se moque d'elle ; elle est si mignone et si gentille ! et puis d'ailleurs les fillettes des environs au-
raient bien tort d'être jalouses, Marjolaine ne va jamais à la danse, et les amoureux, déjà éconduits plus
d'une fois, n'osent déjà plus lui parler. Elle ne se
plaît qu'à la messe ou à vêpres, pourvu que ce soit
dans l'église des moines ; et pourtant elle n'a pas la
mine triste d'une dévote ni l'œil pudibond d'une scru-
puleuse. Pourquoi donc, non contente de l'office
qui vient de finir, est-elle à genoux la dernière, lorsque les vieilles elles-mêmes font un signe de croix
et s'en vont ?

Allons. gentille Marjolaine, levez-vous ; voici frère Lubin qui vient ranger les chaises. car c'est son tour aujourd'hui de balayer le saint lieu ; il s'arrête près de la jeune fille et semble craindre de la déranger ; elle lève les yeux, ses regards ont rencontré ceux du novice. il va lui parler ; mais il tourne d'abord la tête pour voir si quelqu'un ne le regarde pas, et, à l'entrée de la grille du chœur, il aperçoit frère Paphnuce !...

La jolie enfant fait son signe de croix et se lève ; elle s'en va lentement et sans se retourner ; mais, sur son banc, elle a oublié le livre d'heures de sa mère. Frère Lubin s'en aperçoit, il prend le livre, puis semble ramasser à terre et y remettre une image qui sans doute en était tombée ; puis, candidement et les yeux baissés, il le rapporte à Marjolaine, qui le reçoit avec une profonde révérence.

Frère Paphnuce fai la grimace et fait signe à frère Lubin de continuer son ouvrage ; puis, s'approchant de Marjolaine :

— Jeune fille, lui dit-il d'un ton assez peu caressant, il ne faut pas rester dans l'église après l'office ; allez travailler près de votre mère, afin que le démon de l'oisiveté ne vous tente pas, et priez Dieu qu'il vous pardonne vos péchés de coquetterie, tant vous êtes toujours pomponnée et pincée comme une comtesse !

Ayant ainsi apostrophé la jeune fille, frère Paphnuce lui tourna le dos, et elle s'en allait toute confuse, le cœur gros d'avoir été appelée coquette ; le frère Lubin se retourna pour la voir sortir, et elle aussi, près de la porte, jeta en tapinois un regard à frère Lubin, qui devint rouge comme une fraise et qui se mit à ranger l'église, s'échauffant à la besogne et n'avançant à rien : car deux ou trois fois commençait-il la même chose, et plus voulait-il paraître tout occupé des soins qu'il prenait, plus on eût pu voir que la pensée était ailleurs et que son cœur était tout distrait et troublé.

Or, cependant s'en retournait à petits pas, cheminant vers la closerie, Marjolaine la blonde, le long de la haie d'églantiers, effeuillant de temps en temps sans y songer la pointe des jeunes branches et prêtant l'oreille et le cœur aux oiseaux et à ses pensées, qui faisaient harmonieusement ensemble un concert de mélodie et d'amour. La douce senteur des arbres fleuris et de l'herbe verte ajoutait à la réjouissance de l'air tiède et resplendissant ; Marjolaine marcha seule ainsi jusqu'au détour du clos Martin, à l'avenue qui commence entre deux grands poiriers ; là, bien sûre que personne ne pouvait la voir, elle ouvrit bien vite le gros livre d'heures et en tira, au lieu de l'image que frère Lubin était censé y avoir remise, un petit papier soigneusement replié, qu'elle ouvrit avec empressement et qui contenait ce qui suit :

« Frère Lubin à Marjolaine,

» Je fais peut-être bien mal de t'écrire encore, Marjolaine, et pourtant mon cœur me ferait des reproches et ne serait pas tranquille si je ne t'écrivais pas. Mon cœur et aussi, ce me semble, la loi du bon Dieu, veulent à la fois que je t'aime, et la règle du couvent me défend de penser à toi, comme si de ceux qu'on aime la pensée ne nous occupait pas sans qu'on y songe et tout naturellement. Depuis bientôt quinze ans, je pense, nous nous aimons : car tu m'appelais ton petit mari, lorsque nous avions quatre ou cinq ans, croirais-tu que je pleure quelquefois quand j'y pense ! Oh ! c'est que je t'aimais bien, vois-tu, ma pauvre Marjolaine, lorsque nous étions tous petits ! Pourquoi avons-nous été séparés si jeunes ? il me semble que nous serions restés enfants toujours, si nous étions restés ensemble ! Et maintenant que nous avons grandi tristement, chacun tout seul, frère Paphnuce prétend que c'est mal de nous regarder et qu'il ne faut plus s'aimer lorsqu'on est grand. Eh bien ! moi, c'est tout le contraire ; il me semble que je t'aime maintenant plus que jamais ! Combien je suis content lorsque je viens tard au chœur et que par pénitence on me fait rester après les autres à l'église ! car toi aussi tu restes souvent après les autres, et alors sans être observé, je puis te regarder un peu... m'approcher de toi quelquefois, et le cœur me bat alors, je ne sais si c'est de crainte ou de plaisir ; mais si fort, si fort, que je crains de me trouver mal. Oh ! Marjolaine !... et pourtant il faut rester au couvent ; il faut bientôt prononcer mes vœux ! Mes parents ont donné ma vie pour celle de ma sœur : ma sœur est bien jolie aussi, et l'on dit qu'elle mourrait si je ne prononçais pas mes vœux, parce que saint François serait irrité contre nous. — Plains-moi, oh ! plains-moi, Marjolaine ! je ferai mes vœux dans trois jours !

» Frère Lubin. »

La pauvre fille, jusque-là si empressée, si vermeille et si joyeuse, pâlit tout à coup en achevant la lecture de ce billet. Elle le cacha dans sa gorgerette, laissa tomber son livre d'heures, et, prenant à deux mains son tablier qu'elle porta à ses yeux, elle se prit à pleurer et à sangloter comme une enfant.

Lorsqu'elle arriva à la closerie, elle avait les yeux tout rouges et tout enflés. Elle se jeta au cou de sa mère en lui disant qu'elle était malade. Sa mère voulait la déshabiller et la mettre au lit ; mais elle s'y refusa, craignant de ne pouvoir assez bien cacher, si elle quittait sa gorgerette et son corset devant sa mère, la missive de frère Lubin. Elle se retira donc seule dans sa chambrette, et, laissant entr'ouverte la fenêtre qui donnait sur le clos des pommiers, elle se jeta sur son lit, et donna encore une fois un libre cours à ses pleurs, tandis que sa mère inconsolable mettait à la hâte son mantelet pour accourir à la Basmette et consulter maître François, dont le savoir en médecine était connu dans tout le pays. Le père et les valets étaient aux champs, en sorte que la désolée pauvre petite Marjolaine resta seule à la closerie.

IV.

LA CHARITÉ DE FRÈRE LUBIN.

En quittant le père prieur, maître François était rentré dans sa cellule.

La cellule du frère médecin n'était point située comme les autres dans l'intérieur du cloître ; c'était une assez grande salle qui servait en même temps de bibliothèque, et qui dépendait des anciens bâtiments du prieuré ; l'une des fenêtres avait été murée, parce qu'autrefois elle servait de porte et communiquait avec le clos extérieur au moyen d'un vieil escalier de pierre tout moussu, dont les restes branlants subsistaient encore. La fenêtre qui restait était en ogive, et tout ombragée de touffes de lierre qui montaient jusque-là et se balançaient au vent. Une corniche de pierre en saillie, soutenue par une rangé d'affreux petits marmousets accroupis et tirant la langue, passait sous la fenêtre à trois ou quatre pieds environ, et se rattachait à l'ancien balustre de l'escalier, dont il ne restait plus que trois ou quatre colonnettes. De la fenêtre de maître François, on pouvait voir le plus beau paysage du beau pays d'Anjou. Le clos des moines, tout planté de vignes, descendait en amphithéâtre et n'était séparé de la route que par une haie d'églantiers. Plus loin s'étendaient d'immenses prairies, que des pommiers émaillaient au printemps d'une pluie de fleurs blanches et roses ; puis, plus loin encore, entre les touffes rembrunies des grands arbres de la Chesnaie, on voyait au pied d'un coteau boisé, joyeuses et bien entretenues, les maisonnettes de la closerie où nous avons laissé Marjolaine.

La table sur laquelle travaillait le frère médecin était auprès de la fenêtre, et de gros livres entassés lui servaient pour ainsi dire de rempart. Des ouvrages en latin, en grec, en hébreu, étaient ouverts pêle-mêle devant lui, à ses côtés et jusque sur le plancher, où le vent les feuilletait à son caprice. Les dialogues de Lucien étaient posés sur les aphorismes d'Hippocrate, la *Légende dorée* était coudoyée par Lucrèce, un petit Horace servait de marque à un immense saint Augustin, qui ensevelissait le petit livre profane devant ses grands feuillets jaunes et bénis ; le *Satyricon* de Pétrone était caché sous le *Traité de la Virginité*, par saint Ambroise, et près d'un gros in-folio de polémique religieuse était ouverte la *Batracomyomachie* d'Homère, dont les marges étaient tout illustrées, par le frère François lui-même, d'étonnants croquis à la plume, où les rats et les grenouilles figuraient en capuchons de moine, en têtes rases de réformé, en robes fourrées de chattemitte, en chaperons de formaliste et en gros bonnets de docteur.

En rentrant dans sa cellule, maître François avait l'air grave et presque soucieux ; il s'assit dans sa grande chaire de bois sculpté, et, posant ses deux coudes sur la table couverte de papiers et de livres, il resta quelques minutes immobile, caressant à deux mains sa barbe frisée et pointue. Puis, se renversant sur le dossier de son siège, il étendit les bras en bâillant, et son bâillement se termina par un long éclat de rire.

— Oh ! le bon moine qu'ils vont faire ! s'écria-t-il. Oh ! la gloire future des cordeliers ! Comme il fera croître et multiplier la sainte famille du Seigneur ! Oh ! le vrai parangon des moines ! et combien les femmes et les filles se réjouiront des vœux qu'il va faire ! Car, si à pas une ne doit-il du tout appartenir, toutes, en vérité, peuvent avoir espérance de conquérir ses bonnes grâces. Oh ! comme il pratiquera bien la charité envers le prochain, et combien d'indulgences il fera gagner aux maris dont il confessera les femmes, et aux pères et mères dont il catéchisera les fillettes ! Dieu garde de mal ceux qui n'en diront rien et qui voudront que par-dessus tout et à propos de tout la Providence soit bénie ! Ça, voyons un peu où j'en étais de mes annotations sur les ouvrages de Luther.

Il tira alors d'une cachette pratiquée entre le mur et la table un in-folio chargé de notes manuscrites qu'il se mit à étudier. Parfois il frappait du dos de la main sur le livre et souriait d'une manière étrange en disant à demi voix : courage, Martin ! D'autres fois, il haussait les épaules et soulignait un passage. A un endroit où était prédite la destruction de Rome, il écrivit en marge : *Quando corpus destruitur, anima emancipatur*. « Quand le corps est détruit, l'âme est délivrée. » Puis plus bas : *Corpus est quod corrumpitur et mutatur anima immortalis est.* « Le corps se corrompt et change de forme, l'âme est immortelle. »

A une autre page, il écrivit encore : Il y a une Rome spirituelle comme une Jérusalem spirituelle. C'est la Jérusalem des scribes et des pharisiens qui a été détruite par Titus, et les luthériens ne pourront jamais renverser que la Rome des castrats et des moines hypocrites, celle de Jésus-Christ et de Saint-Pierre ne les craint pas.

A la fin du volume, il écrivit en grosses lettres. ECCLESIA CATHOLICA. — *Association universelle.* ECCLESIA LUTHERANA. *Société de maître Luther* Puis il se prit à rire.

Mais bientôt reprenant son sérieux et devenant rêveur : Eh bien ! oui, murmurait-il, la société universelle doit respecter les droits de maître Martin, si elle veut que maître Martin se soumette aux devoirs que la société universelle lui impose ! — Brûler un homme parce qu'il se trompe... c'est sanctifier l'erreur par le martyre. Toute pensée est vraie par le seul courage de sa protestation et de sa résistance dès qu'on veut la rendre esclave et l'empêcher de se produire, et l'on doit combattre pour elle jusqu'à la mort : car la vérité ne craint pas le mensonge, elle le

dissipe par elle-même comme le jour dissipe la nuit·
C'est le mensonge qui a peur de la vérité : ce sont
donc les persécuteurs qui sont les vrais sectaires. La
liberté généreuse est catholique, parce qu'elle seule
doit conquérir et sauver l'univers : elle est apostoli-
que, parce que les apôtres sont morts pour la faire
régner sur la terre. La vraie église militante c'est la
société des martyrs!.. la liberté de conscience.....
Voilà la base de la religion éternelle : voilà la clef du
ciel et de l'enfer !

Maître François rouvrit encore une fois son livre,
et à un endroit où il était parlé de la prétendue ido-
lâtrie de l'église romaine, il écrivit :

— *Quid judicas si tu non vis judicari? Libertatem postulas, da libertatem.*

Pourquoi juger si tu ne veux pas qu'on te juge?
Tu veux la liberté, donne la liberté.

Et plus bas : Chacun peut renverser ses propres
idoles dès qu'il ne les adore plus. Mais, si ton idole
est encore un Dieu pour ton frère, respecte le Dieu
de ton frère, si tu veux qu'il respecte ton incréduli-
té : et laisse-lui sa religion, pour qu'il n'attente pas
à ta vie : car l'homme doit estimer sa vie moins que
ses dieux.

Au bas d'une autre page il écrivit encore : Je pro-
teste contre la protestation qu'on impose, et quand
les luthériens iront torturer les catholiques, les vrais
protestants seront les martyrs... Voilà le vrai : le
reste n'est que de la brouillerie et du grimoire....
Mais que répondrons-nous aux sorbonistes, aux subtilités d'Eckius, aux doctes fariboles de Melanchton
et aux arguments que le diable fait à maître Martin
Luther ? *Solventur risu tabulæ, tu missus abibis!*

J'en accepte l'augure, et buvons frais, dit maître
François en fermant son gros livre.

> Autre argument ne put mon cœur élire,
> Voyant le deuil qui vous mine et consomme :
> Mieux vaut de ris que larmes écrire,
> Pour ce que rire est le propre de l'homme.

Où diable ai-je pris ce quatrain ? Je crois en vérité
que je viens de le faire. J'ai donc pris au fond du
pot, puisque je rime déjà !

En ce moment on frappa discrètement à la porte,
puis le loquet tourna avec précaution, et la plus jolie tête de moinillon qui fût oncques encapuchonnée
regarda dans la chambre, en disant :

— Peut-on entrer, maître François ?

— Comment ! vous ici, frère Lubin ? mais, petit
malheureux, vos épaules vous démangent-elles ? et
voulez-vous que frère Paphnuce, demain au chapitre,
vous fasse donner du *miserere* jusqu'à *vitulos* ?

— Je me moque bien de frère Paphnuce, dit le novice en se glissant dans la bibliothèque dont il re-
ferma cependant la porte avec soin et sans bruit ; il
faut absolument que je vous parle : vous savez que
je dois faire profession dans trois jours ?

— Frère Paphnuce ne me l'a pas laissé ignorer,
mon pauvre petit frère Lubin, et je vous en félicite
de mon mieux ; ce n'est pas ma faute si ce n'est
guère.

Cependant le frère Lubin s'était vite installé à la
fenêtre, et, avec des larmes au bord des yeux, il regardait du côté de la Chesnaie.

—J'ai eu bien de la peine à m'échapper, dit-il après
un long silence ; frère Paphnuce me croit en oraison
dans la grotte de la Basmette, d'où l'on a déjà dé-

placé la statue peinte de madame sainte Madeleine, pour mettre à sa place l'image miraculeuse de saint François, vous savez, cette statue de bois qu'on habille en vrai franciscain, et qui pleure, dit-on, lorsque l'ordre est menacé de quelque danger, est-ce vrai cela, maître François ?

— Vous pouvez le croire, puisque vous ne l'avez jamais vu, dit le frère; moi, je n'en douterais que si je le voyais.

— Enfin je me suis glissé le long du jardin et j'ai trouvé entrebâillée la porte du prieuré. Je m'y suis glissé sans que personne ne me voie... et me voilà. Oh ! que j'avais besoin de vous parler !... et puis, des fenêtres qui donnent sur le cloître, on ne voit pas la Chesnaie et la closerie où j'ai joué tant de fois lorsque j'étais encore tout enfant !

— Ah! oui, je sais , avec la petite Marjolaine, n'est-ce pas ?

— Chut! taisez-vous, maître François, s'écria le novice en rougissant jusqu'aux oreilles ; si quelqu'un nous entendait !

— Eh bien! que comprendrait-il ? pourvu qu'il ne puisse pas voir, comme moi, que vous pleurez en regardant la closerie, et que vous regrettez la charmante enfant qui est devenue une délicieuse jeune fille...

— Oh, silence ! je vous en prie, ne me dites pas de ces choses-là, comment pouvez-vous deviner ? Comment pouvez-vous savoir... Je ne l'ai pas même dit à mon confesseur !

— Si j'étais votre confesseur, je le saurais précisément parce que vous ne me l'auriez pas dit, et vous me le dites à moi, précisément parce que je ne suis pas votre confesseur.

— Mais, mon Dieu, qu'est-ce que je vous dis donc mon frère ? Mais je vous assure bien que je ne vous ai rien dit du tout.

— Pas plus qu'à Marjolaine, n'est-ce pas ?

— Oh ! mais vous êtes donc sorcier ! Voilà maintenant que vous savez !... Mais au surplus, je pourrais bien vous dire que non. Comment ferais-je pour lui parler, je ne puis la voir qu'à l'église ?

— Aussi y vient-elle bien régulièrement, la dévote petite fillette au nom doux et bien odorant ! Et vous l'aimez bien, n'est-ce pas ? j'entends d'affection fraternelle et charitable, celle que l'Evangile nous commande de partager entre tous nos frères, et ne nous défend pas non plus d'étendre un peu jusqu'à nos sœurs !

— C'est vrai que Marjolaine est bien modeste et bien pieuse.

— Elle est aussi bien aimable et bien jolie. C'est cela que vous diriez d'abord si vous l'osiez.

— Oh ! pour cela, je n'en sais rien, dit le novice en prenant un air ingénu et en baissant les yeux.

— Aussi vous voilà bien décidé à faire profession ?

— Hélas ! fit en soupirant le frère Lubin ; et tournant les yeux vers la closerie, il laissa tomber deux grosses larmes.

—Frère Lubin ! frère Lubin ! cria dans le corridor une voix trop facile à reconnaître et trop bien connue des novices.

— Ah ! mon Dieu ! voilà à présent frère Paphnuce qui me cherche dans le prieuré ; s'il vient ici, je suis perdu !

— Cachez-vous ! lui dit maître François en se levant et en allant doucement vers la porte.

— Mais où me cacher? Derrière cette pile de livres, il me verra. Mon Dieu ! mon Dieu ! que je suis
malheureux !

— Vite! dit frère François, il approche; enjambez
la fenêtre; mettez vos pieds en dehors sur la corniche et cachez-vous dans l'angle du mur. Prenez
garde de tomber dans la vigne, les échalas vous feraient mal.

Le novice accomplit promptement l'évolution com-
mandée par le médecin, et il avait à peine fini,
qu'on entendit heurter assez rudement à la porte de
la cellule.

Frère François ouvrit lui-même, et vit, comme il
s'en doutait bien, la figure blême et renfrognée du
terrible maître des novices.

— Frère Lubin n'est pas ici? demanda Paphnuce.

— Vite, mon frère, asseyez-vous. Vous n'êtes pas
bien, je vous assure ; laissez-moi tâter votre pouls.
Parbleu! cela ne m'étonne pas, il faut aller vous
coucher, vous avez la fièvre.

— Frère Lubin n'est pas ici? répéta le maître des
novices avec humeur.

Maître François éclata de rire et demanda à son
tour :

— Le père prieur est-il ici ?

— Pourquoi cette demande ?

— Pourquoi la vôtre? Frère Lubin est-il plus invisible que le père prieur? et pourrait-il être ici
sans qu'il fût possible de l'apercevoir?

— Il y est venu du moins.

— Doucement, doucement, mon frère! Vous me
demandez s'il y est venu, bien que vous ne l'ayez
pas vu y venir, et vous me demandiez tout à l'heure
s'il y était, bien que vous ne le vissiez pas ; vous

parlez donc métaphysiquement et en esprit? Or, qu'il soit ici en esprit et qu'il y soit venu en pensée, à cela je puis vous répondre que je vous en dirai mon sentiment quand l'Université de Paris aura sorbonificalement matagrabolisé la solution quidditative de cette question mirifique : *Utrum Chimæra in vacuum bombinans possit comedere secundas intentiones.*

— Vous êtes toujours moqueur, mon frère, dit Paphnuce en radoucissant sa voix, tandis qu'il se mordait la lèvre et lançait en dessous au railleur un regard de haine implacable ; je désire vous voir toujours aussi gai, et qu'au jour du jugement notre Seigneur n'ait pas à se moquer de vous à son tour!

— Vrai! je le voudrais, ne fût ce que pour le voir rire, ce bon Sauveur, qu'on nous peint toujours pleurant, malingre et meshaigné! Le sourire siérait si bien à son doux et beau visage! Et ses grands yeux toujours pleins de sang et de larmes s'illumineraient si bien d'un rayon de franche gaieté! M'est avis qu'alors le ciel attendri s'ouvrirait et que les pauvres pécheurs y entreraient pêle-mêle, ravis en extase et convertis par la risette du bon Dieu. Si bien que le grand diable lui-même ne se pourrait tenir d'en être ému et d'en pleurer; puis, pleurant rirait de voir rire, et riant pleurerait de n'avoir pas ri toujours d'un si aimant et si bon rire, et, pour l'enfer comme pour le ciel, ce jour-là ce serait dimanche !

— Impie! murmura le maître des novices.

— Soignez-vous, mon frère, dit maître François, vous avez de la bile ; vos yeux sont jaunes. Prenez des remèdes, vos fonctions naturelles doivent être gênées.

En ce moment, une femme se présenta timidement à la porte et fit une profonde révérence. Frère François, en sa qualité d'habile médecin, avait le privilège unique de recevoir des visites de toutes sortes, et c'est pourquoi on l'avait logé hors du cloître, dans les bâtiments du prieuré, qui servaient aussi d'hôtellerie pour les étrangers de distinction lorsqu'il en venait au monastère. Ce privilège déplaisait fort à frère Paphnuce, et c'était là le commencement de sa haine contre le frère médecin.

— Entrez, ma bonne, dit frère François ; justement nous ne sommes pas seuls, et nous pouvons vous recevoir ici. Frère Paphnuce voudra bien rester et nous tenir compagnie.

— Non, dit sèchement le maître des novices ; que je ne vous dérange pas. Vous êtes en dehors de la règle ; autant vaut vous y mettre tout à fait. Je vais chercher frère Lubin, car il faut que je sache où il peut être caché.

— Bonne chance, mon frère ! dit maître François.

Et Paphnuce sortit, en laissant toutefois la porte ouverte.

— Eh bien ! bonne mère Guillemette, qu'y a-t-il de nouveau à la closerie de la Chesnaie ? dit avec bienveillance le frère médecin en s'adossant à la fenêtre.

— Hélas ! mon frère, ma pauvre Marjolaine est malade ! Cela l'a prise au retour de l'office ; elle est pâle, elle pleure, elle veut être seule et ne veut pas dire ce qu'elle a.

— Hum !... La petite n'est pas loin de ses dix-sept ans, je pense ?

— Oh ! mon frère, ce n'est pas ce que vous pensez. La pauvre enfant ne songe pas à mal ; elle ne se plaît qu'à l'église.

— C'est que probablement celui qu'elle aime ne va pas à la danse ?

— Frère François ! frère François ! disait tout bas Lubin, caché derrière l'appui de la croisée, ne dites rien, je vous en prie !

— Tenez, la mère Guillemette, poursuivit le frère médecin, il faut marier Marjolaine.

— Mais non !... mais non !... dit frère Lubin.

— Et à qui la marier, mon bon frère ? La petite coquette ne veut entendre parler de personne.

— C'est que vous ne lui parlez jamais de celui qu'elle voudrait bien.

— Oh ! mon Dieu, elle aurait bien tort de croire que je la contrarierais si elle avait une inclination, et son père veut tout ce que je veux. Nous lui donnons peu de chose, mais c'est notre fille unique, et la closerie est à nous : elle restera avec nous tant qu'elle voudra, et nous la croirons toujours assez richement mariée si elle l'est selon ses désirs.

— Voilà qui est bien et sagement pensé. En effet, une fille vendue ne sera jamais une femme honnête, et celle qui se marie pour un écu trompera son mari pour une pistole, en cas qu'elle soit vertueuse, autrement ce sera pour rien.

— C'est bien aussi ce que je dis toujours à Guillaume, et il me comprend bien ; car lui, ce n'était pas pour ma dot qu'il m'a prise ; son père voulait l'empêcher de se marier avec moi et lui avait défendu de me parler, le pauvre garçon avait tant de chagrin qu'il voulait s'enrôler dans les francs taupins ou ailleurs. La veille de son départ, du moins à ce qu'il pensait, j'étais seule dans ma petite chambre, juste-

ment comme Marjolaine est seule dans ce moment-ci ;
j'avais laissé ma fenêtre entr'ouverte ; tout à coup
voilà un jeune gars qui saute dans la chambre et
qui se jette à deux genoux en pleurant : je viens
vous faire mes adieux, me disait-il d'un ton de voix
à me navrer le cœur. J'étais toute saisie ; mais enfin
ne pouvant plus y tenir, je lui ai tendu les bras... et...
que voulez-vous que je vous dise ?... il a bien fallu
après cela nous marier ; car tout le monde aurait
jeté la pierre aux parents de Guillaume.

— Eh ! qu'auriez-vous dit si le père de Guillaume
avait fait comme Jean Lubin, par exemple, s'il eût
voué son fils à saint François ?

— Ah ! oui, j'aurais dit que Guillaume s'était voué
à moi, et que saint François, étant le plus raisonna-
ble et surtout le moins compromis dans l'affaire,
c'était lui qui devait céder. Et tenez, vous parlez de
Jean Lubin ; mais croyez vous qu'il ne se repente pas
à l'heure qu'il est d'avoir mis son fils au couvent,
un si bel enfant, et qui promettait d'être à la fois si
doux et si malin !

— M'est avis, dit maître François, que pour changer la résolution de Jean Lubin, il suffirait que son
fils fût surpris comme Guillaume dans la chambrette d'une jouvencelle ; mais le moyen ? Le portier
du couvent ne laisse pas sortir les novices , et il ne
leur est pas même permis de venir au prieuré, le
seul endroit où il soit possible de sortir en descendant par la fenêtre.

En achevant cette phrase, frère François regarda
dans le clos pardessus son épaule et se mit mali-
cieusement à rire : Frère Lubin avait disparu.

— Allez, bonne femme, allez, dit le frère médecin, l'indisposition de Marjolaine n'aura pas de sui-

tes fâcheuses, mais ne la laissez pas seule plus longtemps, et souvenez vous de la jeunesse de Guillaume. Où travaille-t-il en ce moment?

— Il est justement occupé à la vigne de Jean Lubin
qui l'a prié de lui aider comme son ami et son compère, je viens de les voir de loin en passant près des
grands poiriers.

—Eh bien! allez vite les rejoindre et menez-les
avec vous à la chambre de Marjolaine ; vous appro-
cherez tout doucement, et si les oiseaux sont au nid
vous les prendrez sans les effaroucher. A revoir,
mère Guillemette !

—Oh, mon Dieu ! vous me faites peur. Mais ce
n'est pas possible, et d'ailleurs comment sauriez-
vous?...

— Tenez, mère Guillemette, dit frère François en
faisant approcher la bonne femme de la fenêtre,
n'est-ce pas là bas, au bout de la maisonnette qu'on
voit d'ici, qu'est la chambre de la petite Marjolaine? ..

—Mais oui... mais oui. Ah! mais, qu'est-ce que
c'est donc que cela? On dirait qu'il y a quelqu'un
qui lui parle par la fenêtre... Je ne distingue pas très
bien... mais je crois voir une robe brune; c'est sans
doute la mère Barbe ou la vieille Marguerite... mais
elles ont donc sauté par dessus la haie, puisque j'ai
fermé la porte à la clé... Bon! la voilà qui entre et
la fenêtre qu'on referme. Qu'est-ce que c'est donc?
qu'est-ce que c'est donc que cela?

— Décidément, il faut que frère Lubin ait pris la
fuite par dessus les murs! s'écria en même temps la
voix de frère Paphnuce qui revenait tout essoufflé,
on ne le trouve nulle part.

—Je vais le chercher avec vous si vous le désirez,
mon frère, et quant à vous, mère Guillemette, dou-

cement et de la prudence : vous connaissez le mal et vous en savez le remède. Allez vite, et si vous n'arrivez pas assez à temps pour empêcher une petite crise, faites en sorte qu'elle tourne à bien, et votre malade est sauvée.

V.

LA VIGILE DE SAINT FRANÇOIS.

Sous le chœur de l'église des frères, il y avait une crypte assez profonde, au fond de laquelle était l'autel de la Madeleine ; de chaque côté de l'autel était figuré un enfoncement dans les roches fermé par une grille où l'on entrevoyait les statues agenouillées et peintes au naturel de saint Antoine et de saint Paul, premier ermite. En face de l'autel, était placée dans une niche assez spacieuse, dont la porte historiée et dorée s'ouvrait et se fermait à deux battants, la statue du grand saint François d'Assises.

Or, il était d'usage au couvent de la Basmette que les moines vinssent processionnellement échanger les statues de saint François et de la Madeleine, madame sainte Madeleine faisant alors au patron de la communauté tous les honneurs du grand autel.

Les deux statues étaient donc mobiles et portatives, et la force d'un homme suffisait pour les enlever de leur place et les rétablir au besoin. Tout ceci est assez important à noter pour la suite de cette histoire. Le peuple n'était admis qu'aux grands jours de fête dans la crypte de la Basmette, aussi ne manquait-il jamais de s'y faire force miracles ces jours-là.

Sous la niche de saint François il y avait une petite porte cadenassée et verrouillée : c'était la porte des caveaux. Ces caveaux avaient une double destination, ils devaient servir de sépulture pour les morts et de prison pour les vivants. La porte en était peinte en noir avec une tête de mort en relief peinte en blanc, et cette inscription en lettres gothiques au dessus du crâne : *Requiescant*, puis au dessous en plus gros caractères : IN PACE. C'est pourquoi on appelait la porte noire la porte de l'*in pace*.

Or, la veille même de Saint-François, deux jours après les aventures que nous venons de raconter, pendant que les moines chantaient en chœur dans la crypte de la Basmette, un prisonnier pleurait et se désespérait à vingt pieds au moins sous terre, dans une cellule des caveaux.

Dans un espace de quatre à cinq pieds carrés, assis sur une grosse pierre que couvrait une natte terreuse et humide, plié en deux et la tête cachée dans ses bras, qu'il appuyait sur ses genoux, le pauvre pénitent involontaire eût ressemblé à une statue, sans le mouvement convulsif et régulier que lui fai-

saient faire ses sanglots. Un peintre espagnol eût
volontiers pris modèle sur lui pour représenter le
désespoir de la damnation et l'immobilité doulou-
reuse et tourmentée du découragement éternel.

Tout-à-coup il tressaillit, et relevant la tête, il prêta
l'oreille : ses grands yeux noirs se dilatèrent d'é-
pouvante ; un rayon blafard de la lampe suspendue
dans l'angle du cachot vint pâlir encore sa figure
blême. Oh ! comme il est changé depuis deux jours !
et qui pourrait reconnaître là le sémillant novice de
la Basmette, le disciple de maître François, ce fripon de frère Lubin?

Hélas ! sa bouche lutine avait déjà désappris le
rire et la causerie clandestine ; ses couleurs rosées
s'étaient changées en pâleur ; ses yeux seuls étaient
brillants encore, mais leur expression avait bien
changé ! Ce n'était plus seulement le feu de la jeunesse qui les faisait étinceler à travers les larmes,
c'était comme l'extase d'une vision d'amour, ou plutôt ce n'en était que le souvenir ; car au doux songe
avait succédé un si affreux réveil, que le pauvre novice hésitait entre deux pensées et se demandait si
son rêve d'amour n'était pas la réalité, et si ce n'é-
tait pas pour s'être endormi trop heureux qu'il lut-
tait maintenant contre une chimère épouvantable.

Ce qui l'avait fait tressaillir, c'était le chant des
moines dans la crypte, dont la lente psalmodie re-
tentissait sourdement au dessus de sa tête.

—Plus de doute, s'écria-t-il, ce sont mes funé-
railles ! je suis mort et enterré pour toujours... le
vœu de mon père n'a pas pu être révoqué. Il faut
que je meure ici lentement pour conserver les jours
de ma sœur... Oh ! Marjolaine, Marjolaine! il m'eût
été plus doux de mourir pour toi !

Et laissant retomber sa tête sur ses bras et sur ses genoux, il se prit à pleurer si amèrement que ses larmes coulaient jusqu'à terre.

Tout-à-coup, il lui semble qu'un bruit sourd se fait près de lui dans la muraille : quelques fragments de salpêtre et de mousse blanche tombent sur sa tête nue ; il se relève encore une fois avec épouvante et regarde fixement la muraille... il ne se trompe pas : une grosse pierre remue d'elle-même et semble vouloir sortir de la place où elle est scellée. Le novice pousse un grand cri... ô merveille ! la muraille lui répond, et une voix sortie d'entre les pierres l'appelle plusieurs fois par son nom : frère Lubin ! frère Lubin !

— Qui m'appelle? dit le prisonnier tout tremblant. Oh! si vous êtes un mort, ne descendez pas ici avec vos yeux creux et vos grands bras de squelette, vous me feriez mourir d'effroi !

— Je ne suis pas plus mort que vous, lui dit la voix, plus rapprochée, tirez à vous cette pierre qui s'ébranle, et prenez garde qu'elle ne vous tombe sur les pieds ; vous la poserez doucement à terre, et si vous entendez venir quelqu'un à la porte de votre cachot, vous la remettrez à sa place le plus proprement possible. Faites vite et ne craignez rien.

Frère Lubin ne se le fit pas dire deux fois, car il lui semblait bien reconnaître cette fois la voix de celui qui lui parlait. Il se lève donc promptement, et voyant la pierre qui sort d'elle-même de sa place, la tire, la soutient de son mieux, car elle était lourde, et la fait glisser jusqu'à terre. Alors par l'ouverture qui vient de se faire, il voit passer une tête... et cette tête n'a rien d'effrayant pour lui ; car, comme

il osait à peine l'espérer, c'est celle de maître François.

— Enfin ! s'écrie le frère médecin avec son accent
toujours joyeux, vous voici donc, maître renard ! et
ce n'est pas sans peine qu'on découvre votre terrier !
Pauvre garçon, il a bien pleuré ! il est bien pâle !
Mais courage, courage, c'est demain la fête, et c'est
demain que la gentille Marjolaine s'appellera Mme
Lubin.

— Que dites-vous là, mon Dieu ! et par où êtes-
vous venu ici ? dit frère Lubin tout effaré.

— Ça, avant que je vous réponde, donnez-moi de
vos nouvelles, dit maître François ; car dans le couvent on parle diversement de votre aventure. Je ne
vous ai point revu depuis que vous avez disparu de
ma fenêtre derrière laquelle vous étiez caché. Comment donc vous a-t-on surpris, comme on le raconte,
dans la chambre de Marjolaine ? Et pourquoi vous
a-t-on mis dans ce cachot, vous qui n'êtes encore
qu'un novice, et qui, par conséquent, ne pouvez être
puni pour avoir enfreint vos vœux, puisque vous
n'en avez pas fait?

— Mon frère, me pardonnerez-vous ? dit frère Lubin tout confus, j'étais l'ami d'enfance, le petit mari
de ma pauvre chère Marjolaine, j'ai entendu dire
qu'elle était malade... et vous ne savez pas tout ce
que cela m'a donné d'inquiétude, car c'est moi qui
en étais cause. Le matin même, je lui avais écrit que
je ferais mes vœux dans trois jours. Quand j'ai entendu dire qu'elle souffrait, il m'a semblé déjà la
voir morte, et j'ai eu aussi envie de mourir ; mais
j'ai cru alors que mon seul devoir était de lui dire
adieu et de lui répéter encore une fois : C'est pour
ma sœur, Marjolaine, c'est pour ma sœur et pour le

vœu de mon père, que je dois me donner à Dieu, moi qui ne voudrais être qu'à vous ! Oh, par pitié, pardonnez-moi et ne mourez pas, Marjolaine ; que je vous voie encore quelquefois à l'église, prier pour moi qui n'oserai plus vous regarder... ou bien, si vous voulez mourir, laissez-moi vous embrasser encore une fois comme nous le faisions, sans offenser Dieu, lorsque nous étions petits enfants ; puis, l'un près de l'autre, reposons-nous, en priant Dieu de nous faire mourir ensemble... Voilà ce que je voulais lui dire, et voilà ce que je lui ai dit ; car, apprenant qu'elle était seule, et trouvant l'occasion si belle, je me suis glissé le long de la corniche, je suis descendu par le vieil escalier, qui a failli crouler sous moi, puis j'ai franchi la haie du clos et je suis allé tout courant jusqu'à la chambre de Marjolaine... Oh, si vous aviez vu comme elle était triste ! et à cette tristesse si grande, quelle joie soudaine a succédé en me voyant ! Elle a pleuré avec moi, moitié de chagrin, moitié de joie ; nous nous sommes embrassés comme quand nous étions enfants, mais nous avons bien senti que dans ce temps-là nous n'avions pas encore été séparés, aussi ne nous embrassions-nous pas alors avec tant de plaisir. C'était maintenant un sentiment si doux, que cela nous faisait presque mal à force de nous rendre heureux. Marjolaine a tout d'un coup pâli et chancelé... O mon Dieu, dit-elle, il me semble que je m'en vais... Je mourrai du moins bien heureuse... Marjolaine ! Marjolaine ! m'écriai-je en pleurant. Et je la tenais dans mes bras, perdant la tête, ne sachant plus que faire, et l'embrassant malgré moi mille fois encore pour la faire revenir à elle. Il me semblait aussi que la tête me tournait et que j'allais être malade ; mais je n'y pen-

sais pas, je ne m'occupais que de Marjolaine... Je
suis parvenu enfin à dénouer son lacet et à la des-
serrer un peu; si bien qu'elle a entr'ouvert les yeux
et fait un grand soupir... lorsque tout à coup son
père et le mien sont entrés avec la mère Guillemette.
Je ne sais pourquoi j'ai été tout honteux, car je ne
faisais rien de mal; et pourtant ils m'ont grondé,
comme si tout était perdu. Mon père et la mère Guillemette se sont même interposés pour m'éviter des
coups de bâton que voulait me donner le père de
Marjolaine... « Allons, allons, disaient-ils, il faut
vite les marier et tout sera dit : frère Lubin n'est
encore que novice. » Mon père alors a parlé de son
vœu; mais la mère Guillemette lui a dit cette phrase
que j'ai bien retenue, car elle m'étonnait beaucoup :
« Saint François ne peut pas vouloir qu'une honnête
fille soit déshonorée. » Pourquoi donc Marjolaine
serait-elle déshonorée? Parce que je suis allé lui dire
adieu? Il me semble bien que nous n'avons rien fait
de mal ensemble, à moins que ce ne soit un si grand
crime de s'embrasser! Et pourtant n'est-ce pas naturel,
lorsqu'on s'aime bien? et les petits enfants font-ils
des péchés, lorsqu'ils embrassent de toutes leurs
forces leurs mères ou leurs petites sœurs? Il y a dans
tout cela quelque chose que je ne comprends pas,
mon bon frère François, et c'était pour vous prier
de m'instruire un peu, si vous le pouviez, que je voulais toujours aller vous voir, malgré frère Paphnuce, qui m'en empêchait... Enfin, nous en étions là,
et tout le monde semblait d'accord; mais mon père
a voulu me ramener d'abord à l'abbaye pour prendre
congé du père prieur. Frère Paphnuce s'est trouvé
là : il a jeté feu et flamme, a menacé mon pauvre père
de la damnation éternelle, lui a dit que saint Fran-

çois seul, par un miracle authentique, pouvait le dégager de son vœu, et que, le jour de la fête, une messe serait dite à cette intention. Mon pauvre père n'a rien osé dire, car vous savez qu'il est dévot et que sa conscience se trouble assez facilement. Il m'a donc laissé, malgré mes prières, entre les mains de ce méchant frère Paphnuce qui, sans me rien dire, m'a pris par le bras et m'a conduit dans la crypte, où il m'a fait faire amende honorable devant tous les saints qui s'y trouvent ; puis, se faisant aider du frère sacristain et du portier, qui lui est tout dévoué, ils m'ont descendu ici, où je pense qu'ils veulent me laisser mourir.

— Doucement, dit maître François ; la Providence ne veille-t-elle pas sur ses enfants , et les médecins ne sont-ils pas là pour empêcher les jeunes gens de mourir ? A ceux-là il faut conserver la vie qui ont des jours de bonheur à vivre en ce monde. Ne vous désolez donc pas, frère, depuis longtemps je veille sur vous et ne veux pas que vous mouriez. Bien plus, je veux que vous soyez heureux, et qu'au lieu de servir le démon dans la tristesse du cloître, vous serviez Dieu dans la joie des affections légitimes et les devoirs de la famille. Ayez patience seulement, et faites bien attention à tout ce que je vais vous dire.

De tout ce que vous m'avez raconté, continua maître François en s'adressant au frère Lubin, rien ne m'étonne, et les choses jusqu'à présent ont marché par le chemin que j'avais prévu : le tout maintenant est de les faire arriver convenablement et à point. Sachez d'abord que j'ai soigneusement examiné l'autel et la statue de saint François, car je crains pour la fête de demain, de la part de frère

Paphnuce, quelque supercherie en manière de faux miracle, pour retourner l'esprit des bonnes gens et obliger votre père à acquitter son vœu...

—Est-ce possible? dit frère Lubin.

—Non pas seulement possible, mais très probable, et de plus très facile, si nous n'y mettions bon ordre. Voici ce que j'ai découvert. La statue de saint François est creuse, pour être d'un transport plus facile, et elle s'adapte sur l'autel au moyen de quatre pitons en fer qui assujettissent les pieds. Or, l'autel aussi est creux, et l'on y serre les chandeliers et les cierges de rechange. Il s'ouvre par une porte placée du côté gauche et qui se referme à l'aide d'un petit verrou. Or, dans le gradin supérieur de l'autel, juste entre les pieds et sous la robe traînante de saint François, il y a une petite trappe, juste de quoi passer la tête, en sorte qu'une personne cachée dans l'autel pourrait très bien, sans être vue, et grâce à la cavité de la statue, faire parler saint François lui-même, de façon à faire crier miracle à plus de vingt lieues à la ronde.

Ne vous inquiétez pas de tout ceci : cela me regarde et je m'en charge. Seulement, si demain, comme je l'espère, on vient vous chercher pour vous présenter à l'autel et vous faire choisir entre les vœux de religion et votre aimable fiancée, ayez soin de vous mettre à genoux du côté gauche et de fermer la porte de l'autel au verrou, sans qu'on s'en aperçoive, si vous remarquez qu'elle soit ouverte.

Si, contre toutes mes prévisions, on ne venait pas vous chercher, voici ce que vous aurez à faire. Sachez que depuis longtemps je rêvais au moyen de délivrer le premier malheureux que la fausse religion des moines condamnerait au supplice de l'*in pace*, et que j'ai profité pour cela de la liberté assez grande dont je jouis dans le couvent, grâce à ma double réputation de prédicateur et de médecin. Or, voici ce que j'ai trouvé.

Il y a derrière l'église, dans le clos du vieux cimetière, un puits à peu près desséché ou du moins rempli de bourbe assez épaisse, qui autrefois, dit-on, a été la frayeur universelle du couvent et de tout le pays, attendu que par la bouche de ce puits on entendait les soupirs des âmes du purgatoire. J'ai réfléchi à cette chronique et j'ai observé que le fond du puits ne devait pas être loin des caveaux de l'*in pace*.

J'ai donc commencé par jeter dans le puits tout ce que j'ai pu ramasser de fagots, de vieilles planches et même une grosse barrique, pour être moins en danger de m'y embourber en y descendant.

Puis j'ai assujéti fortement à la margelle plusieurs cordes garnies de nœuds. J'avais soin de ne faire tout cet ouvrage que la nuit, ou pendant que les frères étaient à l'office, puis j'avais soin de recouvrir l'ouverture du puits avec les vieilles planches qui avaient été mises là depuis un temps immémorial.

Je suis parvenu ainsi à descendre sans trop de dangers dans le puits et à remonter de même. J'y allais et j'en revenais sans être aperçu, car le mur du vieux cimetière est très facile à escalader, et sépare seul en cet endroit les bâtiments et les jardins du cloître d'avec le clos du prieuré.

— C'est vrai, s'écria frère Lubin. Suis-je assez sot de ne pas m'en être aperçu!

—En m'orientant bien, continua maître François, j'ai trouvé l'endroit qu'il fallait attaquer et j'ai commencé un conduit souterrain allant du fond du puits à l'*in pace*; et en effet, après avoir creusé environ deux ou trois pieds dans la terre, j'ai rencontré le tuf : c'était la muraille de votre cachot.

J'avais laissé mon travail en cet état, lorsque votre emprisonnement de ces jours derniers m'a fait sentir l'urgence de continuer mon ouvrage; j'ai donc agrandi mon souterrain, descellé doucement les pierres, et je suis enfin heureusement arrivé jusqu'à vous.

— O frère François, vous êtes mon ange sauveur! Vite, il faut me tirer d'ici... Je veux la revoir, je veux rassurer Marjolaine.

— Patience, jeune homme, il faut que vous restiez jusqu'à demain. Le frère Paphnuce que j'ai interpellé ce matin au chapitre, au sujet de votre emprisonnement, a déclaré qu'il avait seulement voulu vous effrayer pour vous faire rentrer en vous-même; demain, votre famille et celle de Marjolaine seront réunies près de l'autel de Saint-François, et votre père viendra demander l'absolution de son vœu. Ce que désire frère Paphnuce, c'est qu'il n'en soit pas absous et que vous fassiez profession : mais il a promis de vous remettre ce jour-là entre les mains de votre famille; s'il tient sa parole, on viendra vous chercher, et je me charge de tout le reste; si, au contraire, la journée de demain se passait sans qu'on fût venu vous délivrer, vous retirerez encore deux pierres, et vous passerez par ici; vous trouverez dans le puits les cordes toutes préparées, et vous vous sauverez chez vos parents. Maintenant, silence. Remettez la pierre à sa place, faites un peu de boue avec l'eau de votre cruche, et bouchez les interstices de manière à ce qu'on ne puisse voir qu'elle a été dérangée, et... à demain...

— Oh! frère François, mon père, mon sauveur, que je vous embrasse!

— Doucement! doucement! La peste soit du petit drôle, qui a failli me démancher le cou! Faites vite ce que je vous ai dit, et soyez sage.

Frère François avait disparu, la pierre était remise à sa place, et frère Lubin, déjà tout consolé, pensait vaguement à la beauté de Marjolaine, lorsqu'il entendit grincer une clef dans la serrure rouillée de la porte de son cachot.

— Vient-on déjà me délivrer? s'écria-t-il; mais il recula glacé d'épouvante lorsqu'il vit trois hommes couverts de robes noires, et dont les cagoules pointues ne laissaient voir que les yeux.

Tous trois avaient des torches à la main, et de plus l'un tenait un crucifix, l'autre une corde et le troisième un paquet enveloppé de linge blanc. Frère Lubin crut voir trois fantômes ou trois bourreaux. Il pensa qu'on venait l'étrangler, et que le paquet blanc qu'on portait était son linceul.

— A mon secours! s'écria-t-il. Mon père! maître François! Marjolaine!..

Un rire sinistre lui répondit.

— Dépouillez-le de ce saint habit qu'il s'est rendu indigne de porter! dit la voix de celui qui portait le crucifix.

Lubin reconnut cette voix: c'était celle de frère Paphnuce.

Les deux assistants s'emparèrent du novice malgré ses prières et ses cris, et le dépouillèrent de son habit religieux.

— Maintenant, dit Paphnuce en lui présentant le crucifix, faites un acte de contrition.

— O mon Dieu! que va-t-il donc m'arriver, dit

frère Lubin, est-ce que vous voulez me donner la mort?

— Il va vous arriver quelque chose de bien plus affreux que la mort, dit le maître des novices : vous avez déjà perdu, par votre faute, le saint habit de religion. Tenez, prenez cela, ajouta-t-il en jetant à celui qui tenait une corde la défroque du novice, dont il fit aussitôt un paquet ; et vous, dit-il à l'autre, déployez devant ce petit malheureux sa livrée d'ignominie... Ah ! vous croyez que vous allez mourir ! vous le voudriez bien, peut-être, pour ensevelir votre honte dans le tombeau. Mais, non, vous ne mourrez pas... On va seulement vous rendre votre vêtement séculier, et vous laisser à vos réflexions : puissent-elles amener une conversion salutaire ! Vous renouvellerez demain votre amende honorable devant l'autel de Saint-François.

— *Deo gratias* ! dit le novice ; je l'ai échappé belle, et je m'estime assez heureux d'en être quitte à ce prix-là !

VI.

LE MARIAGE MIRACULEUX.

Le lendemain, les rideaux du lit de l'aurore étaient encore parfaitement tirés, et cette vieille déesse mythologique qui se rajeunit tous les matins en prenant des bains de rosée et en s'enluminant de vermillon, dormait encore profondément, lorsque les cloches de la Basmette, secouant dans les nuages leurs carillons à grande volée, réveillèrent les petits oiseaux et firent palpiter deux jeunes cœurs qui ne dormaient pas.

La porte de la petite chambre de Marjolaine s'ouvrit doucement et laissa arriver la lueur d'une lampe jusque sur le jupon blanc de la jeune fille, qui s'était levée sans lumière et commençait déjà à s'habiller.

— Tu te lèves donc, ma pauvre enfant, dit en entrant la mère Guillemette.

Marjolaine alors courut dans les bras de sa mère, qui, posant sa lampe sur le bahut, lui souriait avec des larmes dans les yeux, et toutes deux se tinrent longtemps embrassées, ne pouvant faire autre chose, ni rien trouver à se dire, mais pleurant toutes deux en silence, et goûtant je ne sais quelle triste joie dans cet épanchement douloureux.

La mère fut la première qui s'efforça de parler pour réconforter et consoler sa chère fille.

—Allons, bon courage, Marjolaine, bon courage! Je te crois : je sais que tu es innocente : les hommes ne comprennent pas cela ; mais, nous autres femmes, nous savons bien ce que c'est que d'aimer... et vois-tu, Marjolaine... ils ont beau dire et nous en faire un crime... c'est la plus belle chose de la vie.

Marjolaine se rejeta alors dans les bras de sa mère, les joues enflammées et les yeux brillants, et l'embrassa encore une fois de toute sa force pour la remercier de ce qu'elle venait de dire.

—Je viens t'aider à faire ta toilette, ma chère enfant, laisse moi te soigner encore comme je faisais quand tu étais toute petite : laisse-moi diviser encore tes grands cheveux sur ton front, et les relever derrière ta tête. Allons, essuyez donc les larmes qui troublent vos yeux, mademoiselle, si vous voulez que maman vous trouve jolie! Riez donc un peu qu'on voie vos jolies petites dents blanchettes et si bien rangées! Mais, vraiment, ce linge blanc et brodé vous sied à ravir, et vous rendriez jalouses des vraies demoiselles du château ! Laissez-moi faire maintenant et ne regardez pas , c'est quelque chose que je vous ai gardé et que je veux vous attacher moi-même sur votre beau petit cou blanc que j'ai embrassé tant de fois.

— Oh! quoi, mère, une chaîne d'or... la vôtre !...

— Oui, petite Marjolette... eh bien! pleurerez-vous encore... Tu fais un gros soupir ! oh ! va ne crains rien, je t'aime tant qu'il ne saurait t'arriver malheur : tu es sous la protection de la Vierge, la patronne de toutes les mères ; et si saint François, qui n'a jamais eu d'enfants, veut faire le méchant, le bon Dieu qui est notre père à tous et qui ne refuse rien à Marie, sa très digne mère, le mettra bien à la raison.

Pendant que la bonne Guillemette s'empressait autour de sa fille, une teinte de pourpre avait envahi l'horizon, et les feuilles de vigne qui tremblaient à la fenêtre se coloraient d'un reflet de rubis et d'or; de petits bouquets de nuages orangés et lilas s'éparpillaient dans le ciel, comme on voit jaillir les feuilles de roses des corbeilles de la Fête-Dieu. Les cloches, qui avaient cessé un instant de chanter matines, comme pour faire place au gazouillement infini d'une multitude d'oiseaux, se remirent à carillonner de plus belle et d'une voix plus claire, comme des chantres après boire. Leur musique cette fois était plus gaie et portait moins à la rêverie. Toute la campagne fleurissante et verdoyante, toute diaprée de fleurs, diamantée de rosée et recueillie dans le voile de gaze où s'enveloppait encore la fraîcheur du matin aspirée par un doux soleil, semblait une jeune mariée ou tout au moins une charmante fille d'honneur en son bel habit de gala. On frappa alors plusieurs petits coups à la grande porte de la Closerie. Guillaume, à moitié habillé, s'empressa d'ouvrir, et l'on vit paraître M. et Mme Jean Lubin avec Mariette, leur petite fille.

Mariette était une charmante enfant de douze ans, vive, gracieuse et avisée. Ses beaux cheveux châtains tombaient en boucles naturelles sur ses épaules. On lui avait mis pour ce jour-là une robe blanche toute simple, comme on en voit sur les tableaux aux petits anges qui présentent des fleurs ou de l'encens à la sainte Vierge. La petite fille avait aussi leur sourire doux et confiant, ce pur emblème de la vraie prière, et une couronne de roses blanches achevait sa ressemblance avec ces chastes petits amours de la légende chrétienne.

La mère Guillemette, entendant l'arrivée de son compère et de sa commère, sortit pour les aller recevoir ; et, pendant que les grands parents causaient et devisaient entre eux en grand mystère et à voix basse, la petite Mariette, légère et furtive comme un beau petit écureuil, s'était glissée de porte en porte jusqu'à la chambre de Marjolaine ; elle y entra sur la pointe du pied, et vint tout d'un coup la surprendre et l'embrasser de toute sa force, au moment où la pauvre jouvencelle allait se remettre à pleurer.

— Bonjour, grande sœur ! comme te voilà brave et bien parée ! Eh mais ! moi aussi je suis belle, n'est-ce pas ! Quel bonheur ! C'est aujourd'hui que mon frère va sortir de ce vilain couvent, où il s'ennuyait toujours, et puis il laissera repousser ses cheveux, et il sera bien plus beau ; sans compter qu'il ne portera plus cette robe brune, et qu'il s'habillera en homme comme les autres ! Et toi, Marjolaine, comme je serai contente quand tu seras ma sœur ! car

toi tu ne me taquines jamais, et tu es aussi bonne que
gentille. Mais pourquoi donc n'es-tu pas tout en
blanc et n'as-tu pas un beau bouquet à ta ceinture ?
Je vais t'en chercher un, et je te ferai une couronne
blanche comme l'autre une...

— Non, reste, dit Marjolaine en retenant dans ses
bras l'aimable sœur de frère Lubin, puis la prenant
sur ses genoux, elle s'efforça de lui sourire : mais
elle ne pouvait s'empêcher de songer que cette enfant serait peut-être un obstacle insurmontable à son
bonheur, et des larmes glissèrent, malgré elle, jusqu'à
ses lèvres souriantes, comme parfois en un beau jour
de printemps on voit, par un caprice des nuages,
tomber de grosses gouttes de pluie sur les fleurs co-
quettes et resplendissantes, qui s'épanouissent au
soleil.

— Eh bien ! eh bien ! tu pleures ! dit la petite
Mariette avec un accent enfantin de reproche caressant. Ah ! oui, je sais bien. C'est parce que mon
frère a été mis en pénitence, et parce que frère Paphnuce a dit à mon père que, si tu te mariais avec
Léandre, saint François me ferait mourir ! Ne l'é-
coute donc pas ; c'est un vilain méchant ! Frère
François, le médecin, est bien plus gentil que lui, et
il m'a dit hier, quand je l'ai rencontré en revenant
de l'école, que les saints du paradis sont bons comme
le bon Dieu, et qu'ils ne font jamais mourir les petites filles... et puis, il m'a dit quelque chose tout
bas que je ne veux pas dire, parce que je lui ai promis que je le ferais et que je n'en dirais rien à personne. Aussi il était bien content lorsqu'il s'en est
allé, et il m'a dit, en me donnant un petit coup de
ses deux doigts sur la joue, va, chère petite, sois
bien sage, et dis à Marjolaine qu'elle ait bonne con-

- 59 -

fiancé et que tout ira bien ! Tu vois donc bien qu'il
ne faut pas pleurer... Allons, viens, puis que tu es
prête ; nos papas et nos mamans sont dans la grande
chambre, il est bientôt temps de partir.

. . . .

L'église des franciscains était tout endimanchée de
tentures, toute papillottante de petits anges et de
chandeliers dorés, toute nuageuse d'encens, toute
pomponnée de fleurs et toute flamboyante de cierges :
l'escalier tournant qui descendait à la grotte de la
Basmette était festonné de guirlandes de feuillages,
dont la fraîche et verte senteur portait légèrement à
la tête. Sur l'autel de la crypte, on voyait saint
François, immobile, le capuchon baissé et les mains
cachées dans les manches de son froc. Les moines
étaient réunis en deux chœurs et achevaient de psal-
modier l'office de prime, tandis que le père prieur,
fagotté dans une aube qui le faisait ressembler à un
paquet de linge blanc surmonté d'une grosse pomme
rouge, s'apprêtait à commencer la messe. L'affluence
du peuple était grande; car le bruit confus de ce qui
s'était passé et l'attente de quelque chose d'extraor-
dinaire avaient couru dans tout le pays circonvoisin.
Le mouvement fut donc universel et les chuchote-
ments gagnèrent de proche en proche, lorsqu'on vit
entrer la jolie Marjolaine, qui cachait sa parure de
noce sous un ample mantelet de couleur sombre, et
qui, tour à tour rougissante et pâlissante, tenait les
yeux constamment baissés et semblait ne respirer
qu'à peine. Auprès d'elle était sa mère, qui lui parlait tout bas, comme pour lui faire prendre courage,
et la petite Mariette, qui se serrait contre elle et lui
prenait les mains pour les caresser, en souriant à la
pauvre affligée avec une grâce charmante. Derrière

ce groupe, agenouillés et priant avec une grande ferveur, étaient Guillaume le closier, et le compère Jean Lubin.

Tout le monde attendait sans savoir quoi, lorsque frère Paphnuce parut accompagné d'un frère convers, qui portait une brassée de cierges en cire jaune. On les distribua à tous les moines, puis la porte noire de l'*in pace* s'ouvrit, et tout le couvent, dirigé par le maître des novices, descendit dans les caveaux en chantant d'une voix lugubre et lente le psaume *Miserere.*

Un murmure de consternation et de terreur parcourut l'assemblée. Quelques vieilles se dirent tout bas que frère Lubin était sans doute mort. Marjolaine fut obligée de s'asseoir et frissonna comme si l'on eût été au cœur de l'hiver ; la petite Mariette elle-même s'inquiéta et eut presque les larmes aux yeux en regardant du côté du caveau où l'on entendait toujours se prolonger le chant des moines ; enfin on les vit remonter la croix des enterrements en tête. Le frère Paphnuce tenait sur ses mains étendues le froc et le cordon du frère Lubin, qu'il vint déposer sur l'autel : puis derrière lui entre les deux files de religieux portant les cierges, parut frère Lubin lui-même, vêtu de l'habit séculier et conduit par deux frères convers, affublés de la cagoule des pénitents, pour rendre la scène plus terrible. Marjolaine eut besoin, pour ne pas s'évanouir, de toute la force que lui rendait la présence de son bien-aimé. On fit mettre frère Lubin à genoux au milieu du chœur.

Frère Paphnuce alors commença une exhortation qui ressemblait assez à un exorcisme. Il cria et gesticula, jeta de l'eau bénite sur le novice et en aspergea libéralement le côté de la foule où se trouvait la jeune fille. Puis, après avoir ouvert à son gré le ciel avec toutes ses joies et l'enfer avec toutes ses griffes et toutes ses cornes, il adjura frère Lubin de choisir entre le paradis et la damnation, entre la société séraphique de saint François et l'affection criminelle d'une créature.

Frère Paphnuce se livrait avec d'autant plus de liberté à toutes les fougues de son éloquence, qu'il avait remarqué avec plaisir l'absence de maître François, absence dont il ne pouvait deviner la raison, mais qui le mettait infiniment plus à l'aise, car les regards et le demi-sourire du rusé médecin le gênaient habituellement plus qu'on ne saurait dire, et faisaient expirer sur ses lèvres la moitié de tous ses sermons.

Frère Lubin se recueillait pour répondre, lorsque la petite Mariette, se glissant entre deux religieux, accourut, sans avoir peur de rien, se jeter au cou de son frère ; puis se mettant à genoux auprès de lui, sans que personne songeât à l'en empêcher, elle prononça d'une voix claire et argentine ces paroles, que lui avait sans doute suggérées le frère médecin :

« Bon saint François, je vous prie pour mon frère, qui vous a servi pendant douze ans, pour me conserver la vie et me faire grandir ; maintenant, c'est à mon tour, et je me donne à vous pour rendre la liberté à mon frère ! Je sais que vous êtes bon et que vous ne faites pas mourir les enfants. Vous voulez seulement qu'ils soient bien sages et qu'ils aiment bien le bon Dieu. Oh ! je vous le promets, grand saint François, permettez donc que mon frère soit heureux, et je vous en remercierai tous les jours par ma piété et ma sagesse ! »

Tout le monde fut attendri, excepté les moines.

Les femmes pleuraient, et Jean Lubin essuyait avec sa main ses grosses larmes aux coins de ses yeux. Frère Paphnuce faisait une laide grimace ; il imposa silence d'un grand geste de sa main osseuse, et montrant la statue du saint patron :

— C'est à saint François qu'on a fait un vœu, s'écria-t-il ; c'est saint François qui doit décider. Jamais la gloire de notre ordre n'eut plus besoin d'un miracle pour instruire les pécheurs et raffermir ceux qui chancèlent ; j'ose croire que notre saint patron ne nous le refusera pas... Mais d'abord que frère Lubin lui-même nous dise ce qu'il a choisi !...

Et le maître des novices chercha par l'accent de sa voix et les roulements de ses yeux à intimider le jeune homme.

Frère Lubin retint dans un de ses bras sa sœur Mariette qu'on voulait éloigner de lui, et, se retournant du côté du peuple, il étendit son autre main et ne dit que ce mot :

— Marjolaine !

La jeune fille alors se leva toute tremblante d'émotion, et s'avança pour rejoindre son fiancé à l'autel.....

— Arrêtez ! cria frère Paphnuce d'une voix tonnante, et se tournant du côté de la statue du patron :

— Grand saint François, continua-t-il d'un ton solennel, bénirez-vous ce mariage ?

— Non ! répondit une voix qui paraissait sortir du pied même de la statue.

Tout le monde poussa un cri d'effroi : Marjolaine chancèle et va tomber ; frère Lubin atterré s'empresse néanmoins de la soutenir... Mais voici bien une autre merveille et un autre tumulte !... Tout le monde l'a vu !... la statue a remué ; cette fois c'est bien elle qui parle ! — Tais-toi, satan ! a-t-elle dit. Et on la voit contenir un instant sous son pied, puis renfoncer en terre une hideuse tête de moine, que personne n'a pu reconnaître tant elle était défigurée par la frayeur... Frère Lubin avait eu soin, selon la recommandation de maître François, de fermer au verrou la petite porte de l'autel. Puis voilà que saint François étend ses deux mains sur le jeune couple :

— Approchez, mes enfants, dit-il, je vous bénis et je vous marie !

On se ferait difficilement une idée de la stupeur générale et de la mystification des moines. Le père prieur était tombé à la renverse et avait cassé ses besicles ; frère Paphnuce avait pris la fuite et coudoyait tous ceux qu'il rencontrait sans pouvoir se frayer un passage ; les moines, pâles et croyant rêver, étaient retombés, les uns assis, les autres à genoux, les autres la face contre terre. La foule poussait des cris à faire crouler l'église. Miracle ! miracle ! sonnez les cloches, sonnez ! Et une partie des assistants, courant au clocher, avaient mis toutes les cloches en branle. Les paroisses voisines ne tardèrent pas à répondre, et tout le pays fut en alarme. On ne voyait sur tous les chemins que des troupes de gens qui accouraient vers la Basmette ; plusieurs étaient armés, pensant que des brigands avaient attaqué le monastère ; d'autres apportaient de l'eau, comme s'il se fût agi d'un incendie ; mais déjà des groupes nombreux racontaient dans les environs la grande et merveilleuse bataille qui s'était livrée dans la grotte de la Basmette entre le diable en personne et la statue miraculeuse de saint François. Plusieurs avaient vu des flammes bleuâtres sortir des yeux du

démon et une lumière céleste environner tout à coup
le saint patron de l'ordre séraphique ; il n'était déjà
bruit partout que du mariage miraculeux de Lubin
et de Marjolaine. Ils sortirent de l'église des moines
portés en triomphe et presque étouffés par la foule.
On leur faisait toucher des bouquets artificiels et
des chapelets comme à des reliques ; Marjolaine, dé-
barrassée de son mantelet et toute vermeille d'émotion et de pudeur, apparaissait dans tout l'éclat
de son bonheur et de sa fraîche parure. La petite
Mariette lui avait posé sur la tête sa propre couronne
de roses blanches, et le ci-devant frère Lubin ne pouvait se lasser de la regarder ainsi. Le père Jean Lubin embrassait de tout son cœur la petite Mariette,
qui n'avait nulle envie de mourir, et donnait par-ci
par-là des poignées de main à ses voisins, ne sachant
plus ni ce qu'il faisait ni ce qu'il disait, mais déli-
rant et pleurant de joie. Une foule immense les ac-
compagnait en criant : Miracle ! en applaudissant et
en chantant des chansons de noce, tandis qu'une
foule encore plus nombreuse, toujours grossie par
les curieux qui arrivaient de tous côtés, se pressait
et s'étouffait dans la crypte pour voir la statue miraculeuse.

Ce fut alors le moment critique, et le pauvre
saint François se trouva vraiment en danger. Il était
impossible de contenir cette foule émerveillée, tout
le monde se ruait vers l'autel, prenait la statue par
les jambes et lui arrachait des lambeaux de sa robe
pour en faire des reliques. Ce sont des cris à ne pas
s'entendre ; les uns disent que le saint est vivant et
qu'ils ont touché sa chair ; une femme qui lui embrasse les jambes, prétend qu'elle l'a senti tressaillir... Enfin, la fureur des reliques va si loin, que

le pauvre saint François va être presque entièrement
dépouillé de ses vêtements au grand préjudice de la
modestie; mais il prévient ce danger et juge à propos de se sauver lui-même par une suite de nouveaux miracles: il pousse un grand éclat de rire et
saute à bas de son piédestal, son capuchon tombe
sur ses épaules et laisse voir à découvert la figure
intelligente et narquoise du frère médecin, maître
François. Nouveaux cris de surprise! les uns le re-
connaissent et éclatent de rire à leur tour ; les autres font des signes de croix et pensent être ensor-
celés; mais le plus grand nombre s'obstine à prendre le frère François pour une statue miraculeuse ;
il ne réussit à se faire passage que grâce à la vi-
gueur de ses poings et gagne à grand'peine la sacristie de l'église, où il s'enferme à double tour,
tandis que les cloches continuent à sonner triple
carillon, que la foule crie miracle de plus fort en plus
fort, et que les bonnes femmes se partagent les lambeaux de son froc, aussi dévotement qu'elles eussent pu le faire pour des parcelles de la vraie croix.

VII.

LES JUGES SANS JUGEMENT.

Revenus de leur première émotion, les moines ayant tant bien que mal réussi à repousser la foule et à fermer les portes de l'église et du couvent, s'étaient réunis au chapitre, et commençaient à comprendre dans toute son énormité l'algarade de frère François. Le coupable était gardé à vue dans la sacristie, où il s'était réfugié. Le père prieur, qui au fond de son âme ne pouvait s'empêcher d'aimer le pauvre frère médecin, paraissait consterné et essuyait de temps en temps ses petits yeux rouges et larmoyants; seulement je ne saurais dire si l'émotion seule rendait ses paupières humides, ou s'il fallait attribuer une grande part de son attendrissement clignotant à l'absence de ses besicles.

Les autres moines, espèces de grosses capacités digestives, étaient toujours de l'avis du père prieur, lequel n'osait jamais avoir une opinion à lui en présence de frère Paphnuce.

Le maître des novices se déclara l'accusateur de maître François, et demanda qu'il fût jugé séance tenante, et immédiatement puni des peines les plus rigoureuses. Le père prieur n'osa rien dire; les anciens opinèrent de la voix et les jeunes du capuchon en guise de bonnet. Il fut donc décidé que le coupable serait amené sur-le-champ, et interrogé en plein chapitre.

Deux gros courtauds de frères convers firent l'office d'archers, et, après un instant d'absence, revinrent avec maître François, auquel ils avaient lié les mains comme à un très grand criminel.

— Hélas! s'écria-t-il en entrant, voyez l'inconstance des hommes! Ils me traitent maintenant en criminel parce qu'ils m'ont adoré tout à l'heure, et tout mon crime cependant c'est de n'être pas un morceau de bois!

Frère Paphnuce le regarda avec une joie sournoise qu'il ne cherchait même pas à dissimuler, et fit signe à ceux qui le conduisaient de le faire mettre au milieu du chapitre sur la sellette de tribulation.

— Mes frères, dit alors le maître des novices en saluant à droite et à gauche, j'accuse le frère François ici présent d'athéisme, de magie, d'excitation à la débauche, d'hérésie, de profanation et de sacrilège!

A ces paroles, tous les moines parurent frémir;

plusieurs firent le signe de la croix, d'autres lancè-
rent à l'accusé des regards d'indignation et d'horreur ; le père prieur leva les yeux et les mains au
ciel, puis il dit d'une voix toute tremblante d'émotion :

— Frère François, je ne crois pas que vous puis-
siez vous défendre ; toutefois, si vous avez quelque
chose à dire, il vous est permis de parler. Et d'a-
bord, que répondez-vous à l'accusation d'athéisme ?

L'accusé baissait la tête et semblait ne pouvoir
répondre.

— Vous pleurez ? lui dit le prieur.

— Non, dit le frère en relevant enfin la tête et en
faisant un effort, mais je voulais m'empêcher d'écla-
ter de rire... parce que c'eût été malséant.

— Le misérable ! hurlèrent tous les moines.

— Merci, mes frères, dit maître François en les
saluant. Maintenant, père prieur, c'est à vous que
je vais répondre. On m'accuse d'athéisme ; mais cette
accusation est absurde et barbare.

Absurde, parce que ma croyance en Dieu est en
moi et que vous n'en êtes pas les juges. Les païens
accusaient les premiers chrétiens d'athéisme, parce
qu'ils ne les voyaient point adorer les idoles d'or,
d'argent, de marbre, de pierre ou de bois : cependant être sans idoles, ce n'est pas être sans Dieu :
au contraire! le grand maître n'a-t-il pas dit que
Dieu est esprit et qu'il faut l'adorer en esprit et en
vérité ? Or, l'esprit de Dieu peut seul juger l'esprit
de l'homme, parce que seul il le pénètre : et quant
à la vérité, on ne la juge pas, c'est elle qui nous ju-
gera tous. Votre accusation est donc absurde, du
moment où je veux bien vous dire : je crois en Dieu!

Je dis aussi qu'elle est barbare. Et, en effet, quelle

cruauté ne serait-ce pas que de citer en jugement un homme qui aurait perdu les yeux, pour lui reprocher d'être aveugle et de ne pas voir le soleil ! Mais Dieu n'est-il pas le vrai soleil de notre raison et la lumière de notre pensée ? Peut-il y avoir une vie intellectuelle et morale en dehors de celui qui est ? L'athéisme, s'il était possible, ne serait-il pas la plus épouvantable des maladies morales et comme une léthargie de l'âme ? L'homme qui y serait tombé serait-il moins à plaindre, quand même ce serait par sa faute, et lui ferez-vous un crime de son malheur ? Ne punissez pas la maladie, mais prévenez-en les causes. Ne défigurez pas l'image de Dieu, ne prêtez pas vos erreurs à la vérité éternelle, ni vos colères à la souveraine bonté. Faites que la croyance en Dieu soit toujours la consolation et le bonheur de l'homme, et l'on n'en doutera jamais. J'ai donc à vous répondre que je ne suis pas athée, Dieu merci ! Mais que, si je l'étais par malheur, ce ne serait pas à vous de me le reprocher : car sans doute vous en seriez cause.

— Très bien ! dit le frère Paphnuce. Il ne prend plus même la peine de déguiser son impiété. Frère Pacôme, écrivez qu'il justifie l'athéisme, et qu'il blasphème les pratiques de notre sainte religion !

Maître François haussa les épaules.

— Venons, dit le père prieur, à l'accusation de magie.

— O Gaspar, Melchior et Balthazar, venez à mon aide ! dit frère François.

— Je crois, dit Paphnuce, qu'il vient d'invoquer les démons !

— Je me recommande aux trois rois mages, reprit l'accusé, et je les prie de répondre pour moi, eux qui lisaient l'avenir dans le ciel et qui savaient les noms mystérieux des étoiles ; eux qui, du fond de l'Orient, saluaient l'astre nouveau dont l'influence allait changer le ciel et la terre, et qui osèrent calculer l'horoscope d'un Dieu fait homme ! Ne connaissaient-ils pas les relations du monde visible avec le monde invisible, eux à qui des pressentiments divirs parlaient en songe ? Et ne savaient-ils pas les propriétés secrètes des métaux et la vertu mystique des parfums, eux qui offrirent à l'enfant plus grand que Salomon de l'or, de l'encens et de la myrrhe ?

— Saint François ! que dit-il là ? se récria frère Paphnuce ; Dieu nous pardonne de l'avoir écouté. Écrivez, frère Pacôme, reprenez de l'encre, si vous n'en avez plus, et écrivez, vite écrivez ses nouveaux blasphèmes ! Il ose dire que les trois mages étaient des sorciers !...

— Ainsi, dit le père prieur, vous avouez le crime de magie ?

—Le crime de magie n'existe pas ! répondit maître François avec dignité. La science de la nature et de ses harmonies cachées fait partie de la vraie théologie, et c'est pourquoi le Verbe fait homme, après avoir appelé autour de son berceau les pauvres et les simples qu'il venait sauver, a voulu être adoré par les mages, qui représentaient la royauté future de la science, et qui étaient, devant le Dieu fait homme, les ambassadeurs du monde nouveau et du règne futur de l'esprit. La science investit l'homme de pouvoir, et à l'aide de ce pouvoir il peut faire du bien ou du mal. Or, interrogez les malades que j'ai guéris, les esprits faibles que j'ai éclairés, les esclaves de la superstition que j'ai délivrés, les pauvres à qui j'ai fait comprendre Dieu en leur faisant du bien, et vous n'aurez plus le droit ensuite de m'accuser du crime de magie.

—Je ne comprends pas, dit le prieur.

Et tous les moines secouant la tête, firent signe qu'ils ne comprenaient pas davantage.

Passons maintenant, reprit le père, au plus évident et au plus honteux de vos péchés publics : vous avez favorisé les mauvais désirs d'un novice, et vous l'avez aidé à se détourner de sa sainte vocation pour contracter un scandaleux mariage.

> — L'œuvre de chair ne désireras
> Qu'en mariage seulement,

répondit frère François. Il n'y a donc de mauvais désirs que ceux qui n'ont pas pour objet un bon, chaste et légitime mariage! Tels sont les désirs des pauvres reclus qui se repentent de l'imprudence de leurs vœux, et c'est de ceux-là que j'ai voulu préserver l'innocence de frère Lubin, que Dieu n'avait pas créé pour être moine, mais bien pour être bon et honnête fermier, bien aimé de sa femme et un jour père de famille. Croyez-vous que la chasteté puisse demeurer dans une âme contrainte au célibat et qui sans cesse étouffe ou veut étouffer ses désirs sans cesse renaissants, comme les entrailles de Prométhée? N'est-ce pas dans le cloître que s'acharne après le cœur isolé et désolé du mauvais moine le vautour implacable des passions impures? Et j'appelle mauvais moine celui que, par un attrait supérieur, immense, irrésistible, Dieu n'a pas à tout jamais appelé à lui et séparé du monde ; privilège seulement de quelques âmes saintement exaltées et amoureuses de l'idéal. Or, ceux-là seulement peuvent suivre les traces d'un Antoine, d'un Hilarion, d'un Jérôme ; parce qu'un attrait puissant les y porte, et qu'il n'est besoin pour les contraindre ni de clôtures ni de disciplines forcées, ni de caveaux où on les enterre vivants. Quant aux autres, je dis que ce sont les âmes les plus impures, les plus débauchées et les plus incurables qui soient au monde. Les plus impures, parce que leur concupiscence est désormais sans remède. Les plus débauchées, parce que leur imagination, excitée par l'ignorance et par la contrainte, franchit les bornes du possible et se crée tout un enfer de débauches inouïes, extravagantes et contre nature. Les plus incurables, parce que les remèdes ne font qu'irriter le mal. Ils pensent à l'horreur du péché sous prétexte de s'en repentir, et ne font qu'en stimuler les titillations implacables et en renouveler les fantastiques orgies. Oh ! malheur à l'orgueil humain, qui se fait des chaînes éternelles en proférant les paroles de jamais et de toujours ! Que de telles expressions échappent à l'extase de l'amour divin, ce sont plutôt des aspirations que des vœux : et si plus tard l'humilité chrétienne reconnaît la faiblesse humaine, Dieu ne saurait nous punir d'avoir entrevu l'éternité bienheureuse et de retomber sur la terre : mais il nous punirait si nous nous obstinions à vouloir sur la terre même donner une éternité à nos erreurs, car ce serait l'éternité de l'enfer !

— Ainsi vous condamnez les vœux de chasteté ? dit le frère Paphnuce à frère François.

— Oui, quand ils sont forcés ou inconsidérés, ou surpris par artifice. Il faut être bien puissamment illuminé de Dieu, et par conséquent bien assuré de l'avenir, pour lui promettre, sans être insensé ou criminel, qu'on mènera jusqu'à la fin une vie angélique et surhumaine. Que diriez-vous d'un homme qui ferait vœu de n'être jamais malade et de ne jamais mourir par accident?

— Mais le libre arbitre ! se récria un moine.

— Précisément, dit frère François, c'est le respect pour le libre arbitre qui doit nous empêcher de contracter des engagements qui l'enchaînent, et qui, si nous avons présumé de nos forces, l'entraîneront nécessairement à des chutes irrémédiables.

— Ecrivez, dit frère Paphnuce, qu'il blâme les vœux de religion, et prétend que les moines n'ont pas leur libre arbitre, ce qui est une hérésie monstrueuse et abominable.

— Nous y voilà, dit le père prieur ! et qu'avez-vous à répondre maintenant, on vous accuse d'être hérétique? On a trouvé dans votre cellule les livres diaboliques de l'exécrable Luther, commentés et annotés de votre main. Vous vous livrez à l'étude du grec et vous lisez les auteurs profanes, comme font les prétendus réformateurs de nos jours. Au lieu de donner au couvent et d'employer, pour l'ornement de l'église, vos honoraires de prédicateur et de médecin, vous les employez à acheter un tas de grimoires, que l'ennemi de notre salut doit seul connaître, et dont un religieux ne devrait pas même soupçonner l'existence. Quels beaux discours allez-vous nous faire pour vous justifier de tout ceci ?

— Vraiment, dit le frère François, je ne sais ici que répondre ; car je ne comprends pas bien clairement l'accusation. Les latins et les grecs sont-ils donc entachés d'hérésie à tel point qu'on ne puisse étudier leurs livres? Mais nos offices ne sont-ils donc pas en latin ?

— Sans doute, dit le père prieur : mais les Grecs sont des schismatiques !

— Ceux d'à-présent, je vous l'accorde : quant aux anciens.

— Ceux-là c'était bien pis ; ils adoraient les démons.

— Toujours est-il que saint Bazile, saint Jean-Chrysostôme, saint Grégoire de Nazianze et saint Athanase ont écrit en grec.

— Ce n'est pas ce qu'ils ont fait de mieux ! Eh bien ! quoi ! vous éclatez de rire !...

— Oui, je ris !

— C'est que vous êtes hérétique !

— Comme le *Kyrie eleison.*

— Que voulez-vous dire ?

— *Agios o Theos ! agios a thanatos ! eleison ymas* !

— Ceci se trouve dans l'office de la semaine sainte. Mais qu'en concluez-vous ?

— Que vous êtes absolument incapable de juger si j'ai tort de comprendre le grec et surtout jusqu'à quel point je suis coupable de ce crime.

— Ce n'est point précisément de savoir le grec que vous êtes accusé, mais de vous en servir pour autoriser sans doute vos hérésies, comme font les iconoclastes et les luthériens.

— Mais vous qui parlez d'hérésie, mon père, savez-vous bien que vous parlez grec ?

— Qui ? moi ? par exemple ! Dieu m'en préserve !

— Hérésie vient du grec et veut dire division, séparation. Les hérétiques sont donc ceux qui divisent l'église de Dieu et qui la séparent en fractions opposées les unes aux autres. Or, écoutez-moi, s'il vous plaît :

Ceux qui excommunient, au lieu de ramener et d'instruire, ne sont-ils pas les vrais et seuls artisans de divisions, de séparations et de schisme? Ne sont-ils pas les vrais fauteurs d'hérésie et les plus dangereux hérétiques? Or, je le déclare ici et je le déclarerai toujours, je veux ce que Jésus-Christ a voulu, la grande unité divine et humaine, l'association universelle, car c'est ce que veut dire le nom d'Église catholique. Et si, au fond de mon cœur, je soupçonnais le moindre germe d'hérésie, par moi-même serait le bois sec amassé, et, comme le phénix, je voudrais me brûler moi-même... pour renaître dans l'unité. — Maintenant, allez-vous éplucher mes paroles, interpréter mes actions, torturer mes intentions, troubler mon breuvage et salir mon tonneau? Arrière, caffards! je vous prends pour des hérétiques! car les bons chrétiens du bon Dieu aiment la concorde et la paix, toujours pensent le bien, ne jugent pas afin de n'être pas jugés, et n'ont pas l'habitude des subtilités contentieuses, comme dit l'apôtre saint Paul. Oh! combien de sectaires on eût ramenés par la douceur et la raison, qu'on a pour jamais éloignés par la persécution et l'anathème! Tout homme peut se tromper; mais voulez-vous forcer un homme à trahir sa pensée et à professer ce qu'il ne croit pas? Et, si vous le tuez parce qu'il ne veut pas faire une rétractation hypocrite, vous changez son erreur en raison, car il meurt pour cette liberté de conscience que Dieu nous a donnée à tous, et qui est la base de toute religion et de toute morale. C'était un extravagant peut-être, et vous en avez fait un martyr. Son système n'est plus une rêverie, c'est une doctrine établie par le sang; ce sont les persécuteurs qui ont fondé le christianisme, et ce sont les inquisiteurs qui bâtissent les hérésies!

Tenez, je me représente toujours la vérité comme

un géant à qui une foule de myrmidons font la guerre, et qui ne s'en soucie nullement; car tous ces petits avortons ne sauraient le blesser. Il prend garde même de les avaler tout crus lorsqu'il les trouve cachés sous quelque feuille de salade; et lorsque, rangés en bataille autour de lui, ils font rage à grand renfort d'artillerie, il secoue ses cheveux en riant, et fait tomber en se peignant les boulets qu'on lui a lancés; voilà le vrai portrait de la force et de la supériorité intellectuelle et morale, et je veux un jour en esquisser le caractère dans quelque poème du genre de la *Batrachomyomachie*; car les ennemis du bon sens et de la raison ne sont que des avortons dont il faut rire, et qu'il convient de tourner en ridicule pour tout châtiment de leur folie!

— C'est vous-même qui êtes fou, dit frère Paphnuce; mais voyez ce qu'il ose nous dire et ce que nous avons la patience d'écouter! Les myrmidons, les géants, les soldats mangés en salade, et des gens qui en se peignant font pleuvoir des boulets de canon! Quelles stupidités! Ecrivez, frère Pacôme, qu'il a insulté à la gravité du chapitre, et qu'il a accusé la sainte inquisition d'être la fondatrice et le soutien des hérésies. Vous voyez, mes frères, si j'avais raison de me défier de cet homme!

Les moines donnèrent alors des signes non équivoques de leur indignation et eurent l'air d'être parfaitement convaincus de l'hérésie du frère François.

— Maintenant, continua le maître des novices, le fait monstrueux de profanation et de sacrilège n'est que trop avéré, que trop malheureusement évident et public, pour qu'il vaille la peine d'être constaté ou discuté...

— Sans doute, interrompit frère François, et la

preuve en est que le frère sacristain n'est pas ici, et qu'on le trouvera sans doute encore renfermé dans l'autel, où il voulait jouer le rôle de saint François, et où je l'ai forcé de rentrer avec confusion et contusion, après avoir fort bien et fort convenablement représenté messer Satanas!... Ah! frère Paphnuce, voilà donc vos supercheries! Et vous trompez ainsi le bon peuple fidèle avec de faux miracles! Eh bien! moi, j'ai rempli mon devoir de médecin et de prêtre: j'ai remédié au mal, j'ai exorcisé le démon, et je lui ai fait confesser son mensonge. Je ne justifie pas ce que ma ruse a eu d'irrégulier et de hardi; je regrette que l'office divin ait été troublé, mais je plains le vrai coupable, car il n'a pas bien compris sans doute toute l'énormité de son action. Je ne demande pas qu'on le punisse; je désire que la confusion lui soit salutaire; car vous comprenez bien que le pauvre frère sacristain, qui à cette heure peut-être n'est pas encore revenu de sa frayeur, ne s'est pas déterminé de lui-même à cette vilaine action, et qu'en vertu de la sainte obéissance il doit en rapporter tout l'honneur à qui de droit.

—Silence, malheureux, silence! criait frère Paphnuce d'une voix enrouée, pendant tout ce discours; mais la voix claire et ferme de maître François dominait la sienne, et l'accusé ne s'arrêta qu'après avoir tout dit.

Le maître des novices était suffoqué de colère; il balbutiait des paroles incohérentes, et poussait une espèce de cri guttural et étranglé; il fut obligé de s'asseoir.

Pendant ce temps frère Pacôme rédigeait la formule de la sentence et la faisait passer au père prieur, qui, faute de besicles, ne put la lire, mais la renvoya à frère Paphnuce.

Elle portait que les vêpres des morts seraient chantées après l'office du jour, pour l'âme de défunt frère François, qui allait être immédiatement, et pour jamais enseveli dans l'*in pace.*

Les moines furent consultés : ils regardèrent le prieur, qui regardait frère Paphnuce, et tout le monde condamna.

Il fut décidé que le frère médecin serait renfermé dans le même cachot, d'où quelques heures auparavant on avait tiré frère Lubin.

Frère François, riant sous cape, parut profondément affligé.

On lui ordonna de se mettre à genoux au milieu du chapitre et de faire amende honorable, en tenant à la main un cierge allumé.

— Seigneur, mon Dieu, dit-il quand il fut dans cette humble posture, je vous confesse ma folie, et je vous demande pardon d'avoir fait ce que vous défendez dans votre Évangile, où vous avez dit : « Ne semez pas les perles devant les pourceaux; car ils les fouleraient aux pieds, et leur fureur se tournant contre vous ils vous déchireraient.

Je vous demande pardon de l'ignorance et de la méchanceté de ces moines ; car j'ai vécu au milieu d'eux, et j'aurais dû essayer de les convertir ou les quitter.

Je vous demande pardon de leur avoir parlé sérieusement et de m'être ainsi rendu aussi ridicule que si j'avais voulu donner des leçons de métaphysique à des citrouilles.

Je m'en repens sincèrement, et vous promets de ne traiter désormais de pareilles gens que par ce rire inextinguible, qui, selon Homère, fait le bonheur des dieux, et qui doit être, selon moi, la panacée universelle des philosophes.

Car le rire est un acte de foi: les larmes sont la pénitence du doute ou de la fausse croyance. C'est la triste pluie qui se forme, quand viennent à se condenser les vapeurs de l'illusion.

Depuis bien des milliers d'années, le soleil voit les malheurs du monde et il rit toujours au printemps.

La terre est pleine de cadavres; et elle rit toujours palpitante d'une vie nouvelle et rajeunie d'année en année, par le luxe de sa nouvelle parure!

La vigne pleure sous le fer qui la taille: mais bientôt les larmes sont séchées quand le soleil a cicatrisé sa blessure: elle s'épanouit alors en pampres et en grappes vermeilles, elle gonfle de joie et de franc rire ses grappes nombreuses et arrondies: et elle verse à flots dans la cuve l'oubli des chagrins, les franches amitiés, l'insouciance de tous les maux, la concorde de la terre et la tranquillité du ciel!

— Ce n'est point cela qu'il fallait dire! se récriait frère Paphnuce.

— Avez-vous quelque chose à demander avant d'être séparé pour jamais de vos frères? lui demanda d'une voix tremblante le père prieur presque attendri.

— Je demande une tasse de vin frais, répondit frère François: car voici plus d'une heure que je me dessèche la gorge à parler inutilement.

VIII.

LE SOIR DES NOCES.

Malgré l'indignation des moines, le mariage de Lubin et de Marjolaine n'en avait pas moins été conduit à bonne fin. Que les jeunes gens fussent mariés par saint François ou par frère François, qui n'était pas saint, mais qui était prêtre, la bénédiction nuptiale n'en avait pas moins été va'able dans l'opinion de toute l'assemblée, et les voisins et amis n'avaient pas manqué à la fête qu'on avait improvisée sous les grands arbres de la Chesnaie. Dieu sait si la journée fut bien employée et si elle parut longue à aucun des convives ! Les jeunes mariés seulement attendirent le soir avec impatience, mais toutefois sans trop d'ennui, car on s'empressa de toutes les façons pour les distraire; et d'ailleurs ils avaient tant de joie au cœur à s'entre-regarder et à se toucher furtivement la main, qu'il leur semblait faire un trop beau rêve et qu'ils avaient peur de s'éveiller.

Quand le soir vint, des guirlandes de feuillages et de fleurs avaient été tendues dans la clairière de la Chesnaie; des tables étaient dressées à la ronde pour les buveurs, et la pelouse du milieu, destinée à la danse, était éclairée par des lanternes de toutes couleurs. Le son des flûtes et des tambourins semblait s'accorder avec le chuchottement des doux propos sur le gazon, les cris joyeux de la table, la musique des verres et des flacons entrechoqués, le glouglou des bouteilles et la voix des éclats de rire.

Cependant Léandre Lubin n'était pas tellement absorbé dans sa joie qu'il en devînt ingrat envers son bienfaiteur, et qu'il oubliât le frère médecin; il était grandement inquiet de ce qui pouvait lui être arrivé; car il connaissait assez la rancune de Paphnuce et la faiblesse du prieur. Il avait donc dépêché messagers sur messagers à la Basmette, pour s'enquérir adroitement de maître François auprès du frère portier, qui, à trois différentes fois, avait assuré ne rien savoir. Sur le soir donc, après avoir bien dansé sur la pelouse aux fifres et aux tambourins, tandis que les jeunes mariés, laissés un instant à eux-mêmes, regardaient de côté et d'autre en se serrant la main sans rien dire, et songeaient probablement à s'échapper pour aller loin de tous les regards causer un instant encore plus à leur aise, voilà qu'un jeune garçon tout essoufflé accourut auprès de Lubin, et lui rendit compte de tout ce qu'il venait de voir et d'entendre. En écoutant près d'une petite fenêtre grillée qui donnait sur la chapelle souterraine, il avait entendu chanter le *De profundis*, puis les moines avaient dit trois fois d'une voix éclatante : *Requiescat in pace !* et le chant avait semblé descendre et se perdre dans les caveaux. Quelques instants après, il avait entendu les frères remonter, des portes s'ouvrir et se fermer, puis la voix du prieur qui disait : « Mes frères, que cet exemple terrible vous apprenne à respecter votre vocation et à vous défier des vanités de la science. »

Il n'en fallut pas davantage à Léandre Lubin pour tout comprendre ; il pousse un grand cri, se lève indigné et appelle à haute voix toute la noce. Les joyeuses causeries s'interrompent, on accourt, on se range en cercle, on se penche les uns sur les autres pour écouter le marié.

— Mes amis ! s'écrie-t-il, le bon frère François, le médecin des pauvres, le consolateur des bonnes gens, celui qui a fait mon bonheur et celui de Marjolaine, frère François, qui nous prêchait si bien la bonne religion de l'Evangile et qui nous instruisait avec tant de patience sans chercher à nous faire peur, le meilleur des hommes, le plus savant des docteurs et le plus indulgent des prêtres, maître François enfin, vient d'être enterré vivant par ses méchants confrères; ils l'ont condamné à mourir dans les caves de l'*in pace !*

— C'est une indignité ! s'écria-t-on tout d'une voix.

— Il faut le sauver ! dit Marjolaine.

— Oui ! oui ! oui ! répète l'assemblée tout entière, il faut le sauver ! — il faut le sauver !

— Mais comment faire ? dit Lubin.

— Il faut aller tous à la Basmette redemander notre frère médecin, et, si on nous le refuse, menacer de mettre le feu au couvent, dit l'un des plus déterminés, à qui le vin avait un peu trop échauffé la tête.

— Doucement, bonnes gens, doucement ! dit alors une voix qui fit tressaillir tout le monde ; ne vous exposez pas de la sorte à avoir des démêlés avec la justice. La justice ne favorise déjà pas trop les pauvres gens lorsqu'ils ont raison, mais elle les frappe sans pitié quand ils ont tort !

En même temps, un personnage qui s'était approché doucement parut au milieu de l'assemblée, qui l'accueillit avec de grands cris d'étonnement et de joie. Léandre Lubin se jeta à son cou, et Marjolaine lui présenta son front pour être embrassée, aux grands applaudissements de toute la noce. C'était maître François en personne.

— Eh quoi ! dit l'ancien frère Lubin, il ne vous ont donc pas enfermé, comme je le croyais, dans leur vilain caveau mortuaire ?

— Si fait bien, dit maître François, et je vous ai remplacé dans le cachot où vous avez passé trois jours. Ils espéraient bien m'y laisser plus longtemps et ne se doutaient pas que je m'étais d'avance prémuni de la clé des champs.

— Ah ! mais c'est vrai ! s'écria Lubin ; je ne pensais plus au puits desséché, au conduit souterrain et à l'échelle de cordes ! Oh ! que c'est bien fait, et comme ils doivent être attrapés !

— Vive le frère François ! cria tout le monde.

— Vive tout le monde ! dit frère François. Allons, allons, du cœur à la danse ! Que chacun reprenne sa chacune ; j'aperçois là-bas des flacons qui s'ennuient. Ne m'invitez-vous pas à la noce ? Foin des moines qui ne savent pas rire, et qui maudissent les plaisirs honnêtes ! Soyez bénis et amusez-vous ! Vertu de froc ! je crois que vous êtes atteints de mélancolie ! Et gai ! gai ! gai ! allons ! allons ! et dzig, et dzig, et dzig don don ! qui cabriolera le mieux ? qui rira de meilleur cœur ? qui le premier et le plus bravement me fera tête le verre à la main ? Pas tous à la fois, maintenant ! Courage ! c'est bien, et buvez-en tous, il est frais ! Ah ! comme il mousse, le fripon ! comme il rit dans le verre avec sa petite mine vermeille ! A vous, compère Guillaume ! avalez-moi ce verre-là, c'est une potion contre la soif !

La joyeuse humeur du bon frère avait remis tout le monde en train : les danses, les chansons et les menus propos des buveurs recommencèrent de plus belle ; mais tous se pressaient en cercle autour du frère médecin, qui était devenu l'âme de la fête et comme le foyer de la franche gaieté.

— Frère François, lui disait-on de tous côtés, dans les intervalles de la musique et de la danse et lorsque les jeunes gens fatigués se reposaient autour de lui, — frère François, vous qui racontez si bien, dites-nous une petite histoire.

— Je le veux bien, dit maître François ; écoutez de toutes vos oreilles :

« Il y a bien loin d'ici un beau pays qui s'appelle le royaume d'Éthiopie ; on y va en traversant l'Océan fantastique au-dessus de l'île Sonnante, et en laissant à droite le pays des Papimanes toujours gras et bénis de Dieu, et à gauche les régions désolées de Papefiguière où le peuple laboure et travaille inutilement, parce que c'est toujours le diable qui profite de la moisson.

Donc, en ce beau pays d'Utopie, qui est voisin du royaume des Lanternes, il y eut un village qui se voua tout entier au service de Dieu, en cas qu'il fût épargné par une maladie mortelle et très épidémique qui ravageait alors toutes les contrées d'alentour.

Or, le village fut non-seulement épargné, mais encore, par une bénédiction toute spéciale, tous les habitants semblaient refleurir de santé, de force et de beaux enfants, avec un luxe merveilleux. Cependant il s'agissait d'accomplir le vœu général, et ce n'était pas un petit embarras : car il ne s'agissait pas seulement de mener une bonne conduite ordinaire, on s'était voué à Dieu, c'est-à-dire à la perfection. Et cependant le village entier, hommes, femmes, enfants et vieillards, ne pouvait pas se faire moine.

Les bonnes gens résolurent de consulter à ce sujet le fameux enchanteur Merlin, qui vivait à cette époque. Car ni leur curé, ni leur évêque, ni le pape même, n'avaient rien su leur répondre qui les satisfît.

Merlin, qui passait justement en ce temps-là par la capitale des Lanternes, accueillit bien les ambassadeurs des villageois, et leur dit que pour servir Dieu en perfection, il fallait unir ensemble *vertu de pauvreté* et *honneur de richesse*, et *vivre en famille au couvent* dans *une liberté régulière*. Ce qui sembla aux envoyés trois énormes contradictions ; en sorte que, ne pouvant obtenir de Merlin une autre réponse, ils s'en retournèrent chez eux assez mystifiés et mal contents.

Les anciens ayant ouï la réponse de Merlin, et ne pouvant rien y comprendre, décidèrent qu'en attendant mieux, on doublerait les dîmes, et qu'on s'occuperait de bâtir un couvent où pourraient se faire moines ceux qui en sentiraient le désir.

Ils en étaient là quand le grand Pantagruel, un géant fameux, mais non encore bien connu, parce qu'un abstracteur de quinte-essence, appelé maître Alcofribas, s'occupe seulement maintenant de recueillir ses faits et gestes et d'en composer une histoire, le grand Pantagruel, dis-je, traversa le pays d'Utopie en revenant de la guerre contre les andouilles farouches, et entendit parler de l'embarras des villageois et de la réponse du célèbre enchanteur. Il se rendit aussitôt dans le village en question, et, ayant rassemblé toute la population autour de lui, voici le discours qu'il leur tint :

— Pourquoi pensez-vous, mes enfants, que Dieu non-seulement vous ait conservé la vie, mais encore vous donne un surcroît de vermeille et florissante santé ? pourquoi bénit-il vos mariages par une fécondité sans pareille ? Est-ce pour que vous laissiez souffrir vos filles et vos garçons, en travaillant pour l'église qui n'en a pas besoin ? Est-ce pour diviser vos familles et enfermer dans des prisons volontaires les meilleurs de vos enfants ? Croyez-vous que vous servirez Dieu parfaitement en vous accablant de travail pour nourrir l'oisiveté de quelques reclus ? Or, savez-vous quel service Dieu demande des hommes ? Il n'a besoin de rien pour lui-même, étant l'être souverainement parfait et souverainement heureux ; mais parce qu'il nous aime, il a besoin de notre bonheur, et faire du bien à nous et aux autres, voilà le vrai service qu'il nous demande et qui lui plaît. Or, maintenant écoutez et comprenez bien l'oracle de Merlin : il veut que vous unissiez honneur de richesse à vertu de pauvreté, c'est-à-dire que vous arriviez à l'abondance par le travail, de la même manière que les moines pensent arriver à une p'us grande perfection par la prière qu'ils font en commun et pour l'intérêt général. Or, vous savez que le travail est aussi une prière. Travaillez donc tous ensemble et les uns pour les autres, afin que chacun profite des efforts de tous. Que chacun apporte à l'association son petit coin de terre et ses bras, ce sera la bonne manière de consacrer vous et votre bien à l'Eglise, car la vraie Eglise, c'est l'association, ne vous en déplaise, et non la maison de pierre où les associés se réunissent. Ainsi, au lieu d'un petit champ, mal exposé peut-être et d'une culture difficile, chacun de vous possédera toutes les campagnes environnantes, et, la culture se faisant uniformément et par tous les soins et tous les travaux réunis, vous rapportera cent pour un. Chaque terrain sera employé selon sa valeur, et celui qui aura apporté un moindre capital y suppléera par un redoublement d'activité et d'industrie. Ainsi tous seront riches et pratiqueront néanmoins les vertus de la pauvreté. Voilà pour le premier oracle de Merlin.

Maintenant, il veut que vous meniez en famille la vie du couvent; et ne pensez qu'en cela il veuille vous astreindre à chanter matines, car, vivant en ménage, vous aurez d'autres soins à prendre. Mais voyez ce que font les moines, et pourquoi ils seraient heureux, s'ils pouvaient avoir femmes et enfants et vivre dans une liberté régulière. C'est que, chez eux, tout se fait en commun; ils n'ont qu'une cuisine, qu'un réfectoire : grande économie de feu et d'embarras; car il suffit d'un cuisinier pour dresser le potage de cent personnes. Les moines sont toujours bien vêtus et bien logés, parce qu'ils habitent de grands bâtiments disposés pour loger une société, et parce qu'ils ont un vestiaire, où l'on a soin de tenir des robes et des scapulaires de rechange. Or, voyez, mes enfants, combien plus heureux et mieux soignés seriez-vous si, au lieu de faire chacun dans votre petit coin une misérable cuisine, vous étiez sûrs de trouver dans une grande salle bien propre, bien aérée et tout ombragée de verdure pendant les chaleurs, une nourriture saine, abondante et bien préparée ! si, au lieu de loger dans de pauvres huttes, pê e-même avec vos troupeaux, vous habitiez une ferme immense, bien entretenue et bien bâtie ! Eh bien ! cette ferme ne coûterait pas plus à construire que n'ont coûté vos cabanes, si vous vouliez mettre tous ensemble la main à l'œuvre. Puis, comme dans les couvents, on fait travailler chaque frère selon son goût et sa science, chacun de vous choisirait le travail qu'il aimerait le mieux et dont il croirait pouvoir mieux s'acquitter ; d'ailleurs, la société le verrait à l'œuvre. Ainsi, plus de jalousie ni de rivalités : chacun serait content de son état, et l'envie ferait place à la plus louable émulation, chacun s'efforçant de mieux faire dans l'intérêt de tous et de mériter plus d'estime. Ainsi, peu à peu le bien-être général et l'union de tous feraient disparaître les vices; il n'y aurait plus de paresseux ; car tout homme est bon à quelque chose, ne serait-ce qu'à garder les troupeaux; et d'ailleurs la paresse vient du découragement de la solitude, du peu d'estime de soi même et des autres. L'ivrognerie disparaîtrait, car tout le monde boirait du vin à discrétion et prendrait ainsi l'habitude de boire toujours assez, jamais trop, et, de plus, tous étant heureux, aucun n'aurait besoin de s'étourdir par la boisson. Le vol deviendrait impossible entre frères ainsi unis et travaillant ensemble dans l'intérêt de tous. L'avarice disparaîtrait de même, car personne n'aurait de crainte pour l'avenir ; puis il n'y aurait plus de mauvais mariages, chacun s'unissant librement à celle qui lui plairait, à la charge seulement pour lui de s'en faire aimer ; plus de préjugés de naissance, plus de différences de fortune entre les amants ; l'amour seul, devenu pur et légitime, devenu parfaitement chaste en devenant vraiment libre, l'amour seul fera les unions et les rendra durables. Partant plus de mauvais ménages, plus d'adultères, plus de vengeances, plus même d'infidélités ; car l'amour libre ne saurait mentir : le mensonge est l'art des esclaves. Les plus parfaits s'aimeront toujours comme beaux tourtereaux, les moins parfaits auront moins parfaites amours, sans déshonorer de familles ; car chacun trouvera sa chacune, et l'amour n'aura plus les yeux bandés. Du moins pourront-ils cesser d'être amants, sans cesser pour cela d'être amis comme frère et sœur. Alors tout changera en vous, comme autour de vous, et vous deviendrez des hommes nouveaux : ce qui était vice quand chacun de vous était seul deviendra vertu quand vous serez ensemble. L'orgueil deviendra noblesse d'âme ; l'avarice, économie sociale ; l'envie, émulation dans le bien ; la gourmandise, bon usage de la vie ; la luxure, véritable amour ; la colère, enthousiasme et chaleur au travail ; mais il n'y aura plus de paresse !

Ayant ainsi parlé aux villageois ébahis, Pantagruel leur donna une grande montjoie d'argent pour les premiers frais de leur entreprise, et voulut présider lui-même à la reconstruction du village ; toutes les barrières furent renversées, on arracha les haies et l'on déplanta les échaliers, on retraça les routes, et d'après le conseil de tous et l'expérience des sages on garnit de vignes les coteaux et l'on ensemença les plaines; bientôt tout le village ne fut plus qu'une grande maison qui ressemblait à la fois à une ferme, à un couvent et à un château. Des cours d'eau furent dirigés où ils étaient le plus nécessaires : on défricha, on sarcla, on replanta : tout se faisait allègrement au bruit de la musique et des chansons, ceux qui étaient moins forts et moins rudes travailleurs, payant ainsi leur écot en égayant et animant les autres; les femmes et les petits enfant travaillaient aussi chacun suivant ses forces, et c'était plaisir de les voir, poussant de petites brouettes ou attelant des chiens à des petits chariots, qu'ils chargeaient de mauvaises herbes ou de cailloux, dont on débarrassait la terre. C'était le vrai tableau de l'âge d'or, et si le père Adam fût revenu des limbes en ce moment-là, il n'eût pas regretté le paradis terrestre.

Ainsi fut accompli le vœu des habitants du village de Thélème; ils devinrent tous plus riches et plus heureux que des seigneurs, et pourtant restèrent-ils laborieux et simples comme les bons pauvres de l'Evangile. La vertu leur devint si facile qu'ils ne lui donnaient plus même le nom de vertu : ils l'appelaient liberté et bonheur. »

Le frère François cessa de parler, et son auditoire semblait n'avoir pas cessé de l'entendre. Plusieurs avaient des larmes dans les yeux, et tous semblaient rêver comme s'ils eussent écouté au loin quelque délicieuse musique... Enfin ils s'écrièrent tous :—Frère François, notre maître; frère François, notre ami, nous voulons vivre entre nous comme les habitants de Thélème !

—Hélas! dit le frère médecin, nous n'avons pas ici la bourse de Pantagruel, et nous n'avons pas le bonheur de vivre dans le beau pays d'Utopie, où l'on peut faire tout ce qu'on veut pourvu que ce soit bien. Ne parlez à personne de tout ceci, on vous appellerait hérétiques, et gare le bûcher ! Ne dites pas que je vous l'ai dit ; je sens déjà assez le fagot ; patience, mes enfants ! plus tard, et qui vivra verra. Avant de rebâtir, il faut démolir ; avant de replanter, il faut défricher et labourer. En attendant, prenons notre mal en patience, car le mal amène le bien, et rions tant que nous pourrons, car rire fait plus de bien au sang que de pleurer. Et, sur ce, passez-moi du piot, car voici que je gagne la pépie, cette grande maladie de l'île Sonnante, qui est le pays des cloches et des moines, lesquels, à la fin de leur vie, se transforment tous en oiseaux pour avoir trop pris l'habitude de chanter !

En achevant ces paroles, maître François tendit son verre et tint tête aux plus résolus ; la nuit était avancée, les lumières s'éteignaient lentement et les étoiles scintillaient dans le ciel pur. Les jeunes mariés s'étaient esquivés pendant l'histoire du bon frère ; quelques groupes s'étaient enfoncés sous l'ombre des chênes et avaient disparu. Plusieurs paysans, surtout des vieux, dormaient renversés sur l'herbe en rêvant du pays de Thélème, et il ne se trouvait déjà plus assez de monde pour reformer la danse ; les musiciens, joueurs de tambourins et de flûte, s'approchèrent de maître François, et, rangeant en bataille tout ce qui restait de flacons, lui portèrent un joyeux défi. Alors verres de tinter, vin de couler et de mousser dans les verres, et joyeux propos de courir, jusqu'à ce que maître François, victorieux, eût couché tous ses antagonistes par terre, non pas morts ni même précisément ivres, mais suffisamment désaltérés et joyeusement endormis.

IX.

LE DERNIER CHAPITRE ET LE PLUS COURT.

Cependant une grande désunion s'était manifestée
parmi les moines. Le prieur, qui blâmait en secret
la sévérité de frère Paphnuce et qui redoutait son as-
cendant, avait ameuté sous main tous ceux de son
parti ; on ouvrit l'autel de la Basmette que frère Lubin n'avait pas manqué de fermer au verrou, comme
nous l'avons dit, et l'on y trouva le frère sacristain
plus mort que vif, qui se croyait damné et demandait
pardon tout haut de s'être fait l'instrument des four-
beries de frère Paphnuce. Le prieur assembla le soir

un conciliabule de moines où Paphnuce ne fut pas admis, et il fut décidé qu'on tirerait maître François de sa prison pour l'entendre encore une fois. Le prieur se transporta donc lui-même et descendit dans l'*in pace* ; il appela maître François, et personne ne lui répondit : enfin il ouvrit la porte du cachot, et n'y trouva personne.

L'évasion du prisonnier l'alarma plus encore que tout le reste ; il craignit la fureur de Paphnuce et le scandale de cette affaire, et revint tout essoufflé conter aux moines ce qui arrivait.

Il fut décidé tout d'une voix que frère Paphnuce serait enfermé dès cette nuit même dans l'*in pace*, et qu'on lui choisirait un cachot plus imperméable que celui de maître François, mais que, pour le frère médecin, on le laisserait aller où il voudrait et sans rien dire, pour ne pas faire de scandale.

La sentence secrète des moines fut exécutée sur-le-champ, et lorsque la communauté se coucha, le méchant Paphnuce était enfermé, comme il le méritait bien, dans la cellule la plus noire et la plus profonde de l'*in pace*.

Le lendemain, comme on ouvrait l'église avant le jour, on vit entrer dans les ténèbres un homme qui paraissait chargé d'une guirlande de feuillage et qui vint la suspendre à l'entrée de la grotte de la Basmette. On pensa que c'était un villageois qui voulait faire preuve de dévotion.

Mais quand le jour fut venu, on vit avec étonnement une guirlande de feuilles de chêne entrelacée de flacons brisés, de verres encore vermeils, de bouquets à demi-flétris, de jarretières perdues à la danse, puis quelques flûtes et quelques tambourins enlevés furtivement aux villageois endormis sur la pelouse.

Autour de ce singulier trophée serpentait une bande de parchemin sur lequel on lisait en gros caractères d'une belle et grande écriture :

EX VOTO DE MAITRE FRANÇOIS RABELAIS.

FIN.

EXTRAIT DU CATALOGUE

DE LA

LIBRAIRIE SOCIÉTAIRE.

EXAMEN ET DÉFENSE *du Système de Fourier, et des principales objections qui y sont faites ;* par A. Paget et E. Cartier in-8, 1844. — *Épuisé. Sera réédité.*

IMMORALITÉ *de la doctrine de Fourier (Questions de l'),* par V. Considerant. in-8. . . . . 30 c.

LES AMOURS AU PHALANSTÈRE, par V. Hennequin. 50 c.

MONSEIGNEUR L'ÉVÊQUE DU MANS *et le Phalanstère. Correspondance avec l'Évêché, suivie d'un chapitre intitulé* LECURE par A. Savardan, docteur en médecine. In-18. . . . 1 f. » c.

TROIS LEÇONS *du professeur Cherbalier sur Fourier, son école et son système, reproduites et réfutées par un ministre du Saint-Évangile.* in-8 de 500 pages. . . . . 6 f. » c.

FOURIÉRISME. *Contre-Critique avec exposition de principes,* par Ch. Mandet, avocat. in-8. . . . . 75 c.

DÉFENSE DU FOURIÉRISME, par Henri Gorsse. — *Épuisé.*

DÉFENSE DU FOURIÉRISME *contre M. Reybaud,* etc., par Forest. . . . . 1 f. » c.

ANTIDOTE. Rép. à une compilation, par H. Reynaud. . . . 25 c.

FOURIER *et la Champagne catholique,* par J.-J. F . . . . . 30 c.

EXAMEN ET RÉFUTATION *du discours de M. Hassot, avocat général, sur les réformes sociales.* . . . . 75 c.

DESCRIPTION DU PHALANSTÈRE *et Considérations sur l'architectonique,* par V. Considerant. (Extr. de Destinée sociale, avec une préface.) 2e éd. augm. gr. in-18. . . . . 75 c.

DE LA MISSION DE L'ART *et du rôle des Artistes,* par D. Laverdant. grand in-18. . . . . 1 f. 25 c.

L'ESPRIT DES BÊTES, *et la chasse à courre,* par A. Toussenel. . . . . *Paraîtra incessamment.*

CHANSONS DE LOUIS FESTEAU. 1 vol. in-32, 2 f. 25 c. On trouve à la Librairie Sociétaire les deux premiers volumes du même auteur, ce qui formera la collection entière.

LES CIVILISATEURS. Satires, par Fortuné Henry. » f. 30 c.
FABLES DE LACHAMBAUDIE. in-18............ 1 f. 50 c.

OBJETS D'ART.

UN PHALANSTÈRE (*Vue générale à vol d'oiseau d'*) ou *Village organisé d'après la Théorie de Fourier*; avec les campagnes environnantes. (Belle lithographie, de 55 centimètres sur 39, dessiné par *J. Arnoux, d'après les plans de Morize*.

Ce dessin est très-propre à faire comprendre le caractère général et les dispositions matérielles du Régime harmonien. Afin de répandre cet utile et charmant paysage, nous en avons, malgré la dimension, fixé le prix à........................... 3 f. » c.
Id. coloriées............................... 7 f. » c.
On peut avoir des épreuves de 1er tirage :
Gr. papier, épr. de luxe... 8 f.... Coloriées..... 12 f. » c.
Id. 2e tirage, épr. choisies. 5 f.... Coloriées..... 9 f. » c.

Cette gravure est la première page d'un *Album phalanstérien* qui sera publié progressivement.

Nous conseillons de joindre à cette lithographie la *Description du Phalanstère* (par V. Considerant), qui en est le texte explicatif. (gr. in-18, 75 c.) Toute personne qui voudra étudier la Théorie harmonienne ne saurait mieux faire que de commencer par examiner attentivement ce dessin, en se rendant compte du dispositif général au moyen de la description. C'est la plus facile, la plus simple et la plus attrayante des initiations de 1er degré. Ce dessin accompagne très-bien également la lecture de *Visite au Phalanstère*, et généralement de tous les ouvrages d'Exposition.

MAISON NATALE DE FOURIER, lith. à deux teintes. 1 f. 50 c.

EFFIGIES DE FOURIER D'APRÈS LES TYPES AUTHENTIQUES.

I. PORTRAITS d'après le tableau de GIGOUX.

Gravure en pied, par Calamatta.

Épreuves d'artiste, sæpia.	50 f.	— — sur bl....	24 f.
— sur chin..	40	Épreuves après la lettre,	
Épreuve savant la lettre,		sæpia et chine..	15
sæpia.	35	— — sur blanc.	12
— — sur chine.	30		

Copie lithographique de la précédente, gravure par Couturier (de Chàlon-sur-Saône), imprimé par Landa............ 5 et 6 f.

Très-belle lithographie à mi-corps, d'après le même tableau, par Cinéros. Séries : 1re, 8 f. ; — 2e, 5 f. ; — 3e, 3 f.

II. BUSTES, PAR OTTIN.

Bustes en plâtre, grandeur naturelle............ 12 f.   » c.
Réduction à demi-grandeur.................... 4 f.   » c.

III. CAMÉES.

Malachites gravées, par Mme Considerant , gran-
     deur de broche........................100 f.   » c.
   —   d'épingles.................... 58 f.   » c.
Broches en émail, montées en doublé d'or......... 15 f.   » c.
   —   grandes épingle, *id.* polies........ 7 f.   75 c.
   —   petites,   —   ovales, polies .... 6 f.   50 c.
   —   —   —   —   non polies. 6 f.   » c.

PUBLICATIONS PÉRIODIQUES.

LA RÉFORME INDUSTRIELLE ou le *Phalanstère* (1re série), années 1832 et 1833. (contient un grand nombre d'articles de Fourier.) 2 vol. grand in-4.................... 80 f.   » c.

Il n'en reste que quelques exemplaires.

LA PHALANGE (2e série), *journal de la Science Sociale*, faisant suite au précédent. 1836 à 1840. 3 vol. grand in-4. 60 f.   » c

On peut acquérir les vol. séparément au prix de :

Le 1er vol., 32 f.; le 2e vol., 22 f.; le 3e vol., 6 .

LA PHALANGE (3ᵉ série). 1840-1843. 6 vol. grand in-4 de différentes grosseurs.

Prix des 6 vol., 76 f. Chacun des 4 premiers vol., 9 f.; le 5ᵉ vol. 12 f.; le 6ᵉ vol. en deux parties comprenant 13 mois, 24 f.
La collection complète des trois séries......... 180 f.   » c.
Le cartonnage est payé 1 f. 50 c. en sus par volume.
On peut se procurer des numéros isolés dans chacune des trois séries au prix de: pour un Nᵒ de la *Réf. Ind.* (1ʳᵉ série), 50 c.; de la *Phal.* (2ᵉ série), 50 c.; de la *Phal.* (3ᵉ série), 30 c.

L'École sociétaire a aujourd'hui trois organes périodiques :

1ᵒ **LA DÉMOCRATIE PACIFIQUE**, *journal quotidien*, qui publie le dimanche un numéro double, dit *numéro de huitaine*, formant Revue de la semaine et développant plus spécialement les questions socialistes. On peut s'abonner séparément au journal quotidien, au numéro de *huitaine*, de *quinzaine* ou *du mois*.

2ᵒ **LA PHALANGE**, *Revue mensuelle de la Science Sociale*, dans laquelle se publient progressivement les **MANUSCRITS INÉDITS DE FOURIER**. grand in-8. 1 an, 18 f. — 6 mois, 9 f. — 3 mois, 5 f. La nouvelle *Phalange* forme 2 forts vol. gr. in-8 par année depuis 1845. On peut se procurer chacun des vol. parus au prix de 9 f.

3ᵒ **LE BULLETIN PHALANSTÉRIEN**, envoyé gratuitement et exclusivement aux Souscripteurs à la Rente de l'École sociétaire. Le premier numéro a paru en juillet 1846.

LA DERNIÈRE INCARNATION. *Légendes évangéliques du XIXᵉ siècle*, par A. Constant................... » f.   60 c.
LES TROIS MALFAITEURS, *légende orientale*, par le même.
.... » f.   30 c.

Imprimerie Lange Lévy et Comp., 16, rue du Croissant.